ビジネスパーソンのための
「物流」基礎知識

物流センターのしくみ

船井総研ロジ 著

同文舘出版

はじめに

　物流業界は、私たちの生活において非常に重要な役割を果たしています。「物流」の役割は、大きく2つに分けられます。商品を指定された場所に届ける「運送」と、商品を保管する「センター運営」です。商品は必要としている人（場所）へ届けることで商品そのものの価値が発揮されます。商品を届けるために、一時的に保管、もしくは出荷に必要な付帯作業（外装検品、ラッピング、梱包など）を行っているのが物流センターです。私たちが生活をするうえで利用・消費しているものの多くは、物流センターを経由して手元に届く、もしくは店舗で購入することができます。物流というと「トラック」「宅配便」「通販」といったものがイメージされがちですが、物流センターの運営も、物流における重要な業務の1つです。

　本書では、物流センターが私たちの生活に欠かせない存在であることを知っていただくため、その運営状況や役割について、全10章にわたって解説しています。各章のおもな内容は次の通りです。

　「**第1章　物流センターとは**」　そもそも物流センターはなぜ必要で、どんな役割を果たしているのか、といった基本的な概念について解説しています。また、センター運営のことだけでなく、社会インフラとして地域社会と共存している物流センターの姿を知ることができます。

　「**第2章　業界別物流センター**」　取り扱う商品によって物流センターの運営、作業方法、設備などが異なります。私たちの手元に商品が届く前に物流センターで行われている業務について、業界別にその特徴をまとめています。

　「**第3章　物流センターの費用構造**」　物流センターの運営にはコストがかかります。物流センターを利用する賃料だけでなく、センターで働く人の人件費、什器、運営のための許可証取得の費用など多岐にわたります。

　「**第4章　物流センターの設備・機能**」「**第5章　物流センター内で使用**

する機材」「**第6章　物流センターの自動化設備**」　物流センターの機能や使用する設備・機材は、業界に関係なく共通しているものもあれば、省人化のための自動化設備まで多種多様に展開しています。なぜ物流センターで様々な機材や自動化設備を使用するのか？　目的やメリット・デメリットを整理しています。

「**第7章　物流センターの作業の流れ**」　入荷から出荷までの一連の工程を詳細に記載しています。「入荷」とは具体的にどこまでの作業が含まれるのか、各工程で注意すべき点は何か、物流センター内で行われている作業について解説しています。

「**第8章　よい物流センターを見極めるポイント**」　物流センターの運営改善を進めるにはどのような点を見るべきでしょうか。改善活動を継続的に進め、センター運営の向上を図るための視点、取り組みについてまとめています。

「**第9章　物流センターのBCP（事業継続計画）対策**」　物流センターはサプライチェーンにおいて重要な役割を果たしています。有事の際に物流センターの運営を維持・継続するために必要なことについてまとめています。

「**第10章　物流センターの企業事例**」　物流センターの運営をしている物流企業、物流センターを自社運営している製造業、物流センターの運営効率化を図るためのシステム導入を支援している企業において、実際に物流センターの運営がどのように行われているのか、センター内の写真も交えて解説しています。

「物流」は現場を体験しなければ、イメージが湧きづらい業界です。しかし、物流センターを訪問する機会がなくても、本書を読んでいただくことで、物流センターの運営についてイメージできる内容になっています。物流を支えている物流センターの運営を知るための基礎情報として、本書を活用いただければと思います。その後、物流センターを訪問することで、物流現場への理解がより深まることでしょう。

ビジネスパーソンのための「物流」基礎知識
物流センターのしくみ　もくじ

第3章　物流センターの費用構造

第4章　物流センターの設備・機能

第5章　物流センターで使用する機材

第6章　物流センターの自動化設備

第7章　物流センターの作業の流れ

第8章　よい物流センターを見極めるポイント

第9章　物流センターのBCP（事業継続計画）対策

第10章　物流センターの企業事例

カバーデザイン　三枝未央
本文デザイン・DTP　RUHIA

第1章

物流センターとは

　みなさんは物流センターにどのようなイメージを持たれているでしょうか。単純に貨物を「保管する場所」という役割だけではありません。物流センターに求める機能は何か、物流センターの立地をどこにすべきか、物流センターの広さはどの程度にすべきか、といった観点を踏まえると、物流センターの役割は実は多岐にわたります。さらには物流センターで働く人のことも考えると、物流センターは「保管する場所」だけではなく、利用者に対してどれだけ付加価値があるか、という点も重要になってきます。本章では、社会における物流センターの役割から、昨今の物流センターの傾向についてお伝えします。

「物流センター」とは、企業が調達、あるいは製造した商品を受け入れ、保管し、お客様からの注文に合わせて出荷＝「必要なものを必要な時に提供する」機能を持った建物を指します。

●物流センターの役割1：商品の保管機能

物流センターの最も主要な基幹機能は「保管機能」です。例えば製造業なら、自社で生産した製品が自社工場で保管できない場合、外部の物流センターに製品を保管し、お客様からのオーダーに合わせて出荷を行うといった利用ができます。このように物流センターが大量の製品を保管できることで、工場で生産された製品を、お客様が希望するタイミングやボリュームに合わせてスムーズに届けることが可能になります。

●物流センターの役割2：BCP（事業継続計画｜Business Continuity Plan）

昨今の気候変動の影響により、台風や高潮をはじめとした風水害や地震、雪氷災害といった天災が非常に身近になっています。これら天災は、交通網などの重要な社会インフラを寸断してしまう強い影響力を持っています。このような緊急事態においても、物流センターの保管機能が継続的な商品供給を可能にします。通常、物流センターには製造ロットや発注ロットの都合により、数日間分の在庫が保管されます。「在庫＝資産」であるため、在庫品は企業としてはできるだけ最小限にしたいものです。しかし、トラブルによって工場の操業停止、あるいは天災による交通網の寸断で供給が止まってしまった際には、保有在庫に余剰があることで、お客様への供給を一定期間継続することができます。このように、企業のBCP

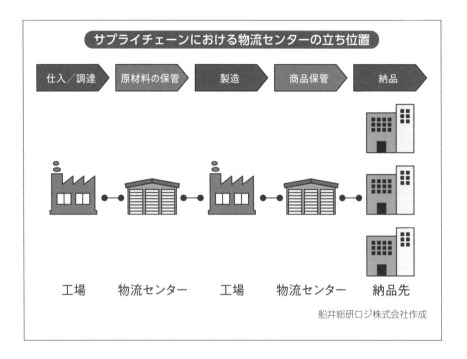

の観点においても、物流センター活用の重要性が高まっています。

●物流センターの役割3：商品の加工機能

　物流センターでは、商品の保管・出荷に加えて、お客様のニーズに合わせて商品に加工を施すことも少なくありません。例えば、お店が注文した商品が届いたらすぐに棚に並べられるよう、「値札」を貼付した状態で納品してほしいという依頼や、ネットショッピングでお中元やお歳暮、冠婚葬祭の贈り物用として熨斗の貼付やギフト包装を施すなど、これら物流センターで担う加工作業の総称を「流通加工」と呼びます。

　物流センターが細かい流通加工に対応することにより、お客様が望むかたちで最終消費者へ商品を届けることが可能になります。また、物流センターの流通加工機能によって、企業が製造や販売といった本業に集中する環境を作り出しています。

　物流センターの設置に際しては、全体最適となるよう複合的な視点での判断が必要となります。自社の経営戦略との整合性は取れているか？　顧客へのサービスレベルは維持または向上するのか？　など自社の事業特性に照らし、最適な立地を選択する必要があります。ここでは、代表的なポイントと判断の基準を紹介します。

●物流センター設置のポイント：利用方法

　まずは物流センターそのものを「購入するのか、賃貸利用するのか」という観点があげられます。つまり物流センターを自社で保有するのか、あるいは賃貸利用をするのかについて検討する必要があります。

　例えば、成長著しい企業においては、成長段階に応じてより大きなキャパシティをもつ物流センターに移管する機会が発生します。この場合、賃貸利用のほうが変化に適応しやすくメリットを享受できると考えられます。

　一方、企業が成熟期にあり、物量の大幅な増減を想定しなくてもよい場合には、自社専用に合理化された物流センターを保有することも検討すべきです。

●物流センター設置のポイント：場所/立地

　どのような場所/立地に設置するのかという観点も重要です。例えばEC通販をメインとしたセンターの場合は、全国の人口が集中している地域に設置されていることが多く、製造業のセンターであれば自社工場に近いエリアに多く見受けられます。ポイントとなるのは、トラックでの配送距離を最小限に抑え、商品をできるだけ早く納品先に届けることができるかど

物流センター設置の判断基準一例

No.	ポイント	判断基準
1	戦略性	会社の上位戦略（経営戦略や販売戦略）に沿った物流戦略の取り組みとなっているか
2	利用方法	購入するのか、賃貸利用とするのか
3	場所／立地	自社の工場立地や納品先エリアを考慮し、効率的な物流が構築できる場所であるか
4	規模	将来の成長見込みも考慮された大きさであるか
5	人材採用	物流センターで就業する人材は継続的に確保できそうか
6	地代／家賃	予算の範囲内に収まるコストであるか

船井総研ロジ株式会社作成

うかです。

○物流センター設置のポイント：規模

　昨今の賃貸契約では最低5年で締結されるケースも増えてきているため、企業の今後の計画や成長も考慮する必要があります。選定時点での取扱物量ではなく、将来的な物量拡大にも耐えうる大きさの物流センターを選定するという視点が必要です。

○物流センター設置のポイント：人材採用

　物流センターを稼働させる上では、働く「人」も考慮するべき重要なポイントとなります。通勤時の交通インフラはどの程度整備されているのか、また、近隣の世帯数や人口数、どのような企業が同エリアにあるのかといった情報から、新規に従事する作業要員の確保や継続勤務が可能な立地なのかを考察する必要があります。

これまで荷主企業は、必要最小限の物流センター数に集約して在庫量の圧縮、作業の効率化を進めてきました。一方で、ドライバーや倉庫作業員の不足、BCP対策、2024年問題に端を発した輸配送距離の短縮など継続リスクへの対応も高まっています。こうした背景から、集約化による効率の追求から、分散化による継続性を重視する視点にシフトしつつあります。

●集約化によるメリットとデメリット

かつては集約化を進めることで効率化が進み、多くのコストメリットを享受することができていました。一方で、継続性の点で一定のリスクを受け入れることになります。例えば、1拠点の巨大物流センターに集約したとしても、人手不足の環境下では、同地域内で人材を計画通りに採用することは容易ではありません。また、ドライバー不足の影響で物流企業へ1か所で大量集荷を依頼することも困難になっています。リスクのほうが高くなってきており、得られるメリットは限定的になりつつあります。

●分散化によるメリットとデメリット

企業の継続性への重要性が高まっている今、物流センター分散化の取り組みが増えつつあります。在庫も分散することになるため、トータルの在庫量とそれに伴う各種輸送、作業の増加といったデメリットがあります。

その一方で、BCP対策の観点でのリスク分散により自社の物流の継続性を手にすることができます。

お客様への安定した物流サービスの提供と自社の物流の継続性という視点において、物流センター分散の取り組みは非常に有効な施策となります。

拠点集約と分散のメリット・デメリット

	拠点集約	拠点分散
メリット	■コスト ・輸配送のロットが大きくなることでトータル運賃が抑制できる ・作業のロットが大きくなることで作業効率が向上する ・事務処理回数が少なくなることで事務コストが抑制できる ・拠点固定費が圧縮できる ・トータル在庫が減少する ・管理費が圧縮できる ・仕入れ時に1拠点への納入が大ロット化するため仕入れ価格を抑制できる可能性がある ・集約によるボリュームメリットが期待できる ■品質 ・得意先への物流サービスが均一化される	■リードタイム ・拠点から得意先までの距離が短くなるため配送リードタイムが短縮できる ■品質 ・配送距離が短縮できるため配送が安定する ・短距離配送になるため積み替えや中継の必要がなくなり、荷傷みの発生が抑制される ■リスク軽減 ・1拠点の規模が小さくなるため作業員を確保するための負担が小さくなる ・1拠点の規模が小さくなるため車両を確保するための負担が小さくなる ・1拠点の規模が小さくなるため選定対象となる倉庫が増加する ・1拠点の規模が小さくなるため路線便の残貨や集荷拒否のリスクが抑制できる ・拠点が複数あることでコストや品質面の比較が可能になる ・BCP視点でみたリスクが分散できる
デメリット	■リードタイム ・拠点から得意先までの距離が長くなるため配送リードタイムが長くなる ■品質 ・配送距離が長くなるため配送が安定しない ・長距離配送になると積み替え、中継が発生するため荷傷みが発生しやすい ■リスク ・1拠点の規模が大きくなるため作業員を確保するための負担が大きくなる ・1拠点の規模が大きくなるため車両を確保するための負担が大きくなる ・1拠点の規模が大きくなるため路線便の残貨や集荷拒否のリスクが高まる ・1拠点の規模が大きくなるため選定対象となる倉庫が制限される ・BCP視点でみたリスクが高まる	■コスト ・輸配送のロットが小さくなり個数が増加することでトータル運賃が上がる ・作業のロットが小さくなることで作業効率が低下する ・事務処理が各拠点で発生するため回数が増加し事務コストが増加する ・拠点固定費が増加する ・トータル在庫が増加する ・横持ち輸送が発生するようになる ・管理費が各拠点で重複して必要になる ・情報システム運用費が各拠点で重複して必要になる ・仕入れ時の納入が分散して小ロット化するため仕入れ価格が上昇する ・集約によるボリュームメリットを享受しにくい ■品質 ・得意先への物流サービスを均一化しにくい

船井総研ロジ株式会社作成

物流センターの種類

4

DC、TC、PCなど保有する機能によって使い分けをする

物流センターは、保有する機能によっていくつかの種類に分かれます。ここでは代表的なTC（Transfer Center）、DC（Distribution Center）、PC（Process Center）について、保有する機能や期待効果について以下に詳述していきます。

○TC（Transfer Center）の機能と期待される効果

TCとは商品を在庫せず、納入された商品を効率よく迅速に仕分けして配送トラックに受け渡す機能を持つ物流センターを指します。「スルー型センター」や「通過型センター」と呼ばれることもあります。

TCの代表的な活用事例は、宅配/路線会社で集荷した貨物の全国方面別仕分けや、多数の店舗を持つ流通小売業への納品店舗別仕分けといった業務です。TCを活用することで、方面や配送先別に貨物をまとめることによる配送車両台数圧縮や、在庫削減が期待できます。

○DC（Distribution Center）の機能と期待される効果

DCとは商品を在庫として保管し、受注内容に応じて出荷する物流センターを指します。「在庫型センター」と呼ばれることもあります。

DCは広く一般的に活用されている運用形態であり、ロングテール商品を扱うEC業界、お客様への迅速な商品の供給が求められる製造業や卸売業などで活用されています。DC活用の期待効果として、在庫を保有しているために急なオーダーにも対応が可能である点、保管機能を持つためにボリュームディスカウントを利かせた大量調達や製造の受け口となることも可能である点があげられます。

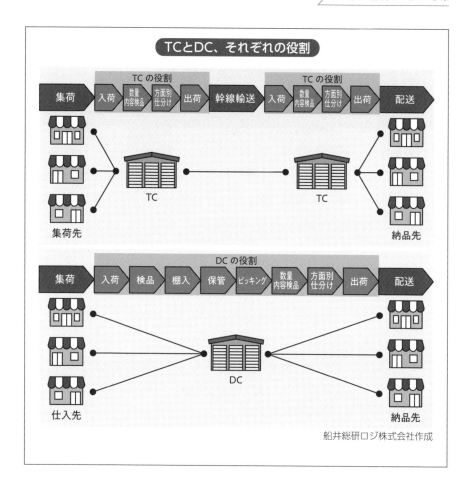

船井総研ロジ株式会社作成

●PC（Process Center）の機能と期待される効果

　PCとは商品を納品先の希望に合わせ、加工を施す機能を持つ物流センターを指します。生鮮食品を扱うスーパーマーケットをはじめとした小売業で活用されることが多く、生鮮品のカットや計量からパック詰め、ラベル貼り付けといった加工を行います。取り扱う商品や業務の特性上、異物混入や鮮度管理の面で高い品質が求められます。PCを設けることによって、加工作業が集約でき、店舗での加工作業の軽減/削減や品質面での標準化、店舗スペースの有効活用による売り場面積の拡充といったメリットがあります。

5 物流センターの利用方法

自社で建設、既存センターの賃貸など、物流センターの利用者と利用目的から、利用方法には様々なパターンがある

「物流センター選定における検討ポイント」で説明した通り、物流センターを設置する際は、その目的や自社の事業内容、成長サイクルに合わせた最適な物流センターの利用方法の検討が必要になります。以下の利用方法の中から、中長期的な視点を持って選定します。

○施設面の利用方法

まず、物流センターそのものを自社資産とするか？　という視点での検討が必要です。利用方法は、大きく2つに分けられます。

1つ目は自社専用の物流センターを用地買収・建設して新規で用意する方法です。自社の業務に合わせた専用物流センターを手にすることができる一方で、大きな投資を伴う方法であり、物流センターの開設まで一定の期間を要するという側面も考慮する必要があります。

2つ目は、外部企業との取引を通じた賃貸利用です。こちらは初期の費用を圧縮することができる一方で、既存の建物構造の制約を受けやすくなります。この外部企業との取引を通じた賃貸利用には、さらに「物流不動産事業者」から賃貸利用を受ける方法と、「物流企業（3PL：Third Party Logistics等）」から賃貸利用を受ける方法の2通りの方法があります。この2通りの方法についても、初期費用（敷金等）をかけてより多くのニーズを満たすのか、あるいは初期費用を抑える代わりに一定の制約を受け入れることを許容するのかが1つの判断ポイントとなります。

○運営面の利用方法

物流センター内部の運営方法も、検討すべき重要なポイントです。こち

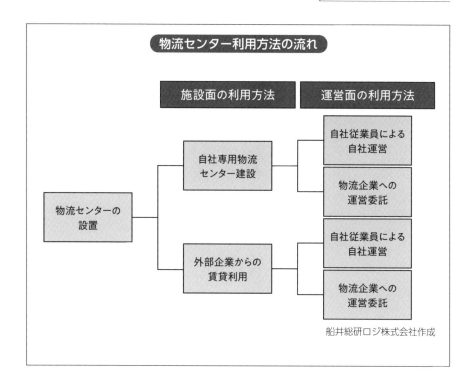

船井総研ロジ株式会社作成

らも方法は大きく2つあります。

　1つ目は自社の従業員で運営する方法です。高度な専門性が求められる作業が発生するケースや、可能な限り柔軟な対応が求められる業務環境下においては、この自社運営という選択肢を検討する必要があります。検討に際しては、作業員の採用対応や管理、作業手順の検討、手順書作成といった物流以外の業務を負担することも考慮しなければいけません。

　2つ目は物流企業（3PL等）に運営を委託する方法です。委託前に、作業の対応範囲や費用といった種々の取引条件を両社で合意する必要があります。取引条件から逸脱する範囲においては融通の面で一定の制約を受けるものの、作業員の採用や管理といった負担を解消することができます。また、物流企業は様々な現場を経験しているため、作業手順の検討、手順書作成においても一定の精度を期待できるメリットもあります。

6 物流センターの需給動向

物流センターの建設動向やニーズの変化とは

　インバウンド需要、新型コロナウイルス以降の生産拠点の国内回帰、EC需要の増加、交通インフラの発展などの外的要因に応じて、物流センターが建設されるエリアや、物流センターそのものに求められるニーズに変化が生じています。本項ではその中でも変化の著しいマルチテナント型の物流センターの建設動向と求められるニーズについて解説します。

●新規物流センターの建設動向

　これまで物流センターといえば、その多くが東名阪（日本三大都市の東京・名古屋・大阪の略称）の主要沿岸部に建設されていました。ところが、大都市圏を中心とした主要沿岸部の開発地域が限定的になってきたことと、有料道路・高速道路などの開通に伴って、不動産デベロッパーによる内陸部の都市/郊外型の物流センターの開発が進んでいます。関東圏であれば、圏央道（首都圏中央連絡自動車道）沿いで新規の物流センターが数多く建設、開設されています。不動産デベロッパーの代表的な企業には、大和ハウス工業株式会社、オリックス不動産株式会社、外資系企業であれば日本GLP株式会社、グッドマンジャパン株式会社などがあります。

●物流センターに求められるニーズの変化

　建設エリアに加え、物流センターそのものに求めるものにも、外部環境に応じた変化が出てきています。最近の傾向としては、外資系の荷主企業との取引において、SDGs、ESG（E：環境、S：社会、G：ガバナンス）の観点で緑地化など一定の基準を満たす物流センターが求められる傾向がみられます。また、従来に比べ賃貸区画を縮小し、より企業が利用しやす

物流センターの外観・内観

画像提供：オリックス不動産株式会社

い設計となっていることもあげられます。

　この背景には、EC事業の多様化が進み、本業と切り離したかたちでEC専用物流センターとして利用する製造業の存在や、新規参入や成長途上にあるEC事業者の増加があります。また、近年の製造業や卸企業の物流拠点は分散傾向にあります。配送距離短縮やBCP等の目的もありますが、共同化＝「共同センター」「共同配送」による物流コストの分散や、CO_2（二酸化炭素）排出量の低減を目的に、多くの企業が集うマルチテナント型の物流センターを選択する例も増えてきています。物流センターが企業同士を結ぶプラットフォームの役割をも果たしはじめています。

物流センター内の施設

7

これからの物流センターは地域社会との共生が求められる

ダイバーシティ（多様性）の重要性が叫ばれる今、地域社会や多様な人材と共生するべく、物流センターでも様々な取り組みが行われています。

●物流センター内の施設

かつての物流センターは、「3K（きつい、きたない、きけん）」という言葉で表現されることもありましたが、これらの概念は変わりつつあります。代表的な例として、物流センターで働く人が昼食や休憩時間を過ごせるよう、コンビニやカフェを併設したり、レストランや清潔でおしゃれな食事専用スペースを設置したり、子育て世代が安心して就労できるように託児所を設置したりするケースがあります。様々な背景を持つ人たちが安心して働ける職場の提供が物流センターでも進んでいると言えます。

●物流センターと地域社会のつながり

地域社会とのつながりを形成する、次世代型の物流センターも開設されています。例えば、公園（フットサルスペース等）やイベントスペースを設置し、一般開放による地域イベントの開催、地域の教育機関の職場見学の受け入れなどにより、教育の一端を担う事例があります。

別の視点では、太陽光パネルを利用し、物流センター内の使用電力の大部分を再生エネルギーで賄うといった環境面での配慮、災害時の避難施設としての開放や、備蓄在庫の配給等といった機能を持ち、災害に強い地域社会づくりに貢献している物流センターもあります。

かつての物流センターのイメージを覆し、物流センターは地域になくてはならない存在に変わりつつあります。

物流センター内の施設の一例

物流センター従業員の休憩スペース。
居心地のよい環境づくりに努めている

センターの敷地を開放し、地域住民の
憩いの場となっている

万全の警備体制と地震に強い免震装置を導入。災害時には近隣住民の避難場所と
して施設を開放

画像提供：日本GLP株式会社

コラム1　物流とロジスティクスの違い

　「物流」と「ロジスティクス」は、似ているようで違う意味を持つ言葉です。

　物流とは「物的流通」の略称で、原料から製品が製造され、消費者に商品が届くまでの一連のモノの流れを指します。アメリカから輸入された「Physical Distribution」という言葉が「物的流通」と翻訳され、それが転じて「物流」という言葉が生まれました。物流が持つ機能は、基本的に「輸送・保管・荷役・包装・流通加工・情報処理」の6つに分けられ、それぞれの機能ごとに様々な物流企業が存在します（輸送を担う運送会社、保管を担う倉庫会社など）。

　一方、ロジスティクスとは、モノの調達から販売までを管理し、必要なモノを・必要なときに・必要な量だけ、準備・手配・供給することを指します。もともと、戦場の最前線に武器・食料などの物資を供給するための戦略である「兵站(Military Logistics)」という軍事用語がビジネスに転用され、物流の最適化を図る概念として「ロジスティクス」が登場しました。

　まとめると、物流は「モノの流れ」を指す言葉なのに対し、ロジスティクスは「物流を最適化する」という意図のある言葉で、物流より高次の概念であると言えます。

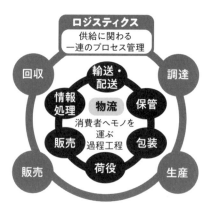

ITトレンドの図をもとに作成

第2章

業界別物流センター

　物流センターの利用者は主に荷主企業といわれる製造業・小売業・卸売業や、荷主企業から物流業務を受託する物流企業になります。物流センターで取り扱う商材は業界の数だけ存在します。つまり業界によって管理方法（消費期限管理、温湿管理など）、荷姿（段ボールケース、バラ品、長尺物など）、届け先（toB、toC）などが異なります。そのため、物流センターの運営にあたっては、取り扱う商材に合わせて必要な機器の導入、作業方法の構築、レイアウト設計をしなければなりません。本章では、業界別にみた物流センターの特徴についてお伝えします。

小売業の物流センター

① 店舗向けに効率的に配送するための機能を保有するセンター

　小売業の物流センターは、主に「店舗向け共配センター」と「宅配センター」の2タイプに大別されます。ここでは、店舗向け共配センターの役割と機能を解説します。

◯店舗向け共配センターの役割と機能

　コンビニエンスストアやドラッグストア、食品スーパーなどの小売店への納品は、店舗へ直接配送するのではなく、「共配センター」と言われる専用の共同配送センターから届けられます。共配センターでは、仕入先のサプライヤーから入荷する商品の荷受け・検品・店別仕分けを行います。

　一般的に小売店の共配センターは、担当地域が定められています。従来はそれぞれのサプライヤーが各店舗へ個別に配送してきましたが、共配センターができたことで、一括しての店舗配送が可能となりました。

　店舗側のメリットは、1日に何十台もの納品トラックが来て納品口が渋滞し、高い頻度で荷受け・検品作業をしていたのが、一括で対応できて荷受けに関する負荷が大幅に低減されることです。

　サプライヤーのメリットも大きく、販売先の小売店全店への小口配送がなくなり、一括で共配センターへ配送することで出荷業務の効率化と輸送コストの削減が実現されます。併せて、トラックから排出される二酸化炭素も削減できるので、ESG経営の実行にもつながります。

◯店舗向け共配センターの自動化事例

　担当店舗を数多く担っている共配センターでは、人が行っていた店舗別仕分け作業を、ロボットを使った自動仕分け機を活用する事例も多くなっ

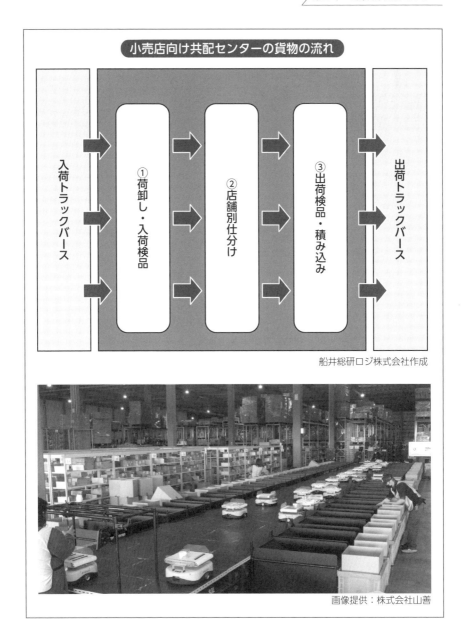

小売店向け共配センターの貨物の流れ

入荷トラックバース → ① 荷卸し・入荷検品 → ② 店舗別仕分け → ③ 出荷検品・積み込み → 出荷トラックバース

船井総研ロジ株式会社作成

画像提供：株式会社山善

ています（ロボットソーター：上の画像）。

　自動仕分け機の導入が、人手不足解消の一翼を担っています。

アパレル業の物流センター

2

季節によって需要が大きく変動。物流センターで
の需要予測や在庫管理が肝

●アパレル物流センターの特徴と役割

アパレル専用物流センターは、アパレル業界向けに特化した効率的かつ
柔軟な物流プロセスを提供する拠点です。このセンターは、国内外からの
商品を検品・保管・流通加工・小売店供給・最終消費者への配送まで、ア
パレル商品の最終供給チェーンを管理します。

センターの主な特徴に、高度な自動化技術が組み込まれた施設がありま
す。これにより、効果的な在庫管理、ピッキングや仕分け作業の効率化、
ハンガーレーン装置を活用した迅速で正確な出荷が可能となります。

近年では、RFID（ICタグの情報を電波で読み書きする認識技術）やバー
コード技術を活用して、在庫のリアルタイム追跡と管理を行い、在庫管理
の最適化を実現しているセンターもあります。

●季節波動

アパレル商品は通常、季節やトレンドによって需要が大きく変動しま
す。SS（春夏商品）とFW（秋冬商品）の大きな2シーズンがあり、SSは
Tシャツ・短パン・半袖シャツなどの軽衣料品、FWはダウン・コート・
厚手のセーターなど重衣料品が多くなります。

SS品は2〜3月に、FW品は8〜9月に入荷のピークを迎えます。この
時期は、海外製造品が海上コンテナで大量に入荷します。アパレル品は取
り扱いSKU（ストック・キーピング・ユニット。管理を行う最小単位）
が多く、需要予測や在庫最適化のためのデータ分析がとても重要になります。

季節変動が大きいアパレル物流では、在庫過剰や不足・欠品を最小限に
抑え、効率的な商品供給を図ることが求められます。

海外の生産拠点からハンガーのまま商品が到着

画像提供：浪速運送株式会社

○小売チェーンのアパレル物流

　小売チェーンのアパレル物流センターは、衣料品だけではなく、アクセサリー・帽子・靴など小売店舗で販売しているあらゆる商品を取り扱っています。管理する商品は、多種多様なサイズ、デザイン、色などが含まれ、それらを正確に管理することが求められます。

　アパレルはブランド価値が重要であるため、高いレベルの品質管理を求められます。物流センターでは商品の検品や流通加工・梱包作業など、品質を保つための独自の工夫やプロセスが確立されています。

　また、在庫や出荷プロセスにおいて透明性（可視化）を実現し、トレーサビリティを維持することが求められます。これにより、商品がどこにあるか、どのように移動しているかが把握できるのです。

食品の物流センター

3

日付管理、温度管理、防犯・衛生管理など管理項目が多岐にわたる

○管理項目が多岐にわたる食品物流センターの運営

　食品は、原材料から完成品、また常温で管理可能なものから温度管理（冷蔵、冷凍）が必要なものまで、種類が多岐にわたります。共通して言えるのは、「食品による健康被害があってはならない」ということです。食品の製造工程において取り扱いに注意するのはもちろんですが、製造されたもの、もしくは製造に使用する原材料を保管する物流センターにおいても、管理を厳しく行う必要があります。

○日付・賞味期限管理と温度管理

　多くの食品には消費・賞味期限があります。食品そのものの消費・賞味期限とは別に、納品可能期限もあります。これは食品メーカーが商品ごとに決めた期限です。物流センターは納品可能な期限を超えないように「先入れ先出し」の出荷や、納品期限切れによる廃棄を減らすための在庫管理対応が求められます。

　食品だけでなく、医薬品、化学製品など特定の産業向けに温度・湿度管理が求められることも多くあります。これらの産業に共通していることは、商品の品質と安全性が重要であり、商品に応じて適切な温度・湿度が求められるということです。例えば冷凍マグロなどは超低温区分での管理となり、マイナス40℃以下で保管します。このような温度管理が必要なセンターでは、ドックシェルター、通報設備、温度計などが必要になります。

　ドックシェルターでは、トラックの荷台に積み込み、荷降ろしする際に外気や害虫の侵入を防ぐことができます。また、庫内において区画ごとに温度管理を設定している場合に温度の上昇を防ぐための設備があります。

温度管理のための設備

ドックシェルター

画像提供：金剛産業株式会社

ビニールノレン

シートシャッター

画像提供：株式会社ユニフロー

フォークリフトの行き来が頻繁にある場所ではビニールノレン、出入りが多くなく必要な時のみ自動で開閉が可能なシートシャッターがあります。

　また、冷凍・冷蔵センターの場合、庫内の温度が低いため、作業者の安全・体調管理について厳格に規定が定められています（防寒着などの服装や倉庫内での作業時間など）。例えば、万が一庫内に閉じ込められた場合、救助を求めるために外部と連絡が取れるよう、庫内の要所に通報機を設置する必要があります。食品を取り扱う物流センターでは、作業者のリスクを軽減するための設備を導入して運営しています。

医療機器の物流センター

4

人命に関わる機器を扱うセンター。欠品によるリスクを防ぐための特殊な在庫管理手法を採用

○医療機器物流センターの特徴と役割

　医療機器専用物流センターは、ディーラー（複数メーカーの医療機器の仕入・販売を行う企業）およびユーザーである医療機関向けに特化した、効率的かつ柔軟な物流プロセスを提供する拠点です。医療機器を扱う物流センターは「メーカーからディーラーへの物流」と「ディーラーから医療機関への物流」に区分して考えることができます。

○医療機器製造業からディーラーへの物流領域と特徴

　医療機器製造業の在庫拠点管理では、メーカーとディーラー間における以下の物流業務を担います。

- ・工場からの製品入荷
- ・製品の保管
- ・ディーラーに向けた出荷
- ・ディーラーからの返品

　医療機器製造業の物流拠点の特徴は、機器の出荷に合わせた返却が伴うケースがあることです。その場合は返却されたものを検品、洗浄して再製品化する業務も受託することになります。そのため、物流センターは高度管理医療機器販売業や医療機器製造業といった許可を取得して運営しています。

○医療機器ディーラーから医療機関への物流領域と特徴

　医療機器ディーラーの在庫拠点管理では、ディーラーと医療機関間における以下の物流業務を担います。

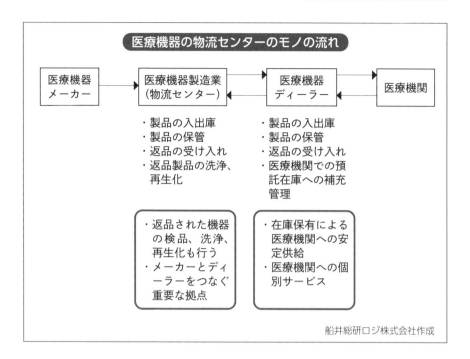

医療機器の物流センターのモノの流れ

船井総研ロジ株式会社作成

・製造業からの製品入荷

・製品の保管

・医療機関に向けた出荷

・医療機関からの返品

・医療機関での預託在庫への補充管理

　医療機器ディーラーの物流拠点の特徴は、医療機関での預託在庫が発生することです。取引の決定した医療機関内に在庫を置き、医療機関で利用が生じた際に必要な製品を預託在庫から使った時点で納入したとみなす取引の形態です。預託在庫が欠品しないよう、ディーラーは利用された製品を補充することで、医療機関の安定した運営を支えているのです。

　また、医療機関へ納入する物流業務は、地震や風水害時でも物流を途絶えさせない責任があるため、事業継続計画（BCP）を策定する必要があることも大きな特徴と言えます。

EC（通販）の物流センター

5

EC物流センターの特徴と将来のセンターイメージ

　EC（電子商取引）物流センターは、オンライン小売事業者向けに特化した物流施設であり、迅速で正確な商品の仕分け、梱包、出荷を実現することが重要です。以下は、EC物流センターの特徴と機能の一般的な例となります。

○フルフィルメント機能

　EC物流センターは、受注から発送までの全プロセスを効率的に管理するオーダーフルフィルメントシステムを採用しています。これにより、オーダーの受注から発送までのスピードが向上し、顧客へのサービス提供能力が向上します。物流センターのオペレーション（業務）には、主に①入荷検品、②保管、③ピッキング、④流通加工、⑤検品、⑥出荷と6つのプロセスがあります。特に④流通加工では、値札付け・アイロン掛け・ハンガーセットなどを行っており、他では見られない特殊作業と言えます。

○倉庫管理システム

　物流センター業務全域を管理・統括するシステムとして、WMS（Warehouse Management System：倉庫管理システム）が導入されています。入荷した商品の数量や品種などをSKU単位で管理するものです。「保管されている商品がどの棚にいくつあるのか」「どの棚に保管すると効率的なのか」などがシステムにより管理されています。また、作業進捗管理機能もあり、「今、予定出荷数量の何パーセントの作業が終わっているのか」や「今日はあと何がいくつ入荷されるのか」等の進行状況もわかります。

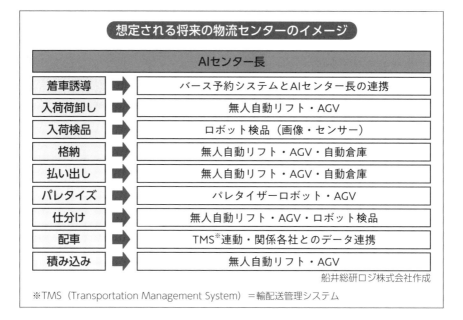

想定される将来の物流センターのイメージ

AIセンター長	
着車誘導	バース予約システムとAIセンター長の連携
入荷荷卸し	無人自動リフト・AGV
入荷検品	ロボット検品（画像・センサー）
格納	無人自動リフト・AGV・自動倉庫
払い出し	無人自動リフト・AGV・自動倉庫
パレタイズ	パレタイザーロボット・AGV
仕分け	無人自動リフト・AGV・ロボット検品
配車	TMS※連動・関係各社とのデータ連携
積み込み	無人自動リフト・AGV

船井総研ロジ株式会社作成

※TMS（Transportation Management System）＝輸配送管理システム

○自動化技術との連携

今後、物流センターではより一層、深刻な人手不足が懸念されています。そこで、人の代替としてロボットなどの自動化機器が急速に普及する見込みです。EC物流センターにおける将来の自動化機能です。

センター長はAIが担うことになり、AIセンター長の統制によって物流センター全体が管理・運営されます。上の図の通り、あらゆるプロセスで自動化機器が導入され、いずれは無人の物流センターも登場することでしょう。入荷したパレット積み商品は、無人自動リフトから自動倉庫へ格納されます。ピッキングはAGV（無人搬送車）というロボットが行います。パレットへの積み付け作業は、パレタイザーロボットが担います。仕分けや梱包・検品などもすべて自動化されます。

物流センターの自動化を早く実現するには、投資対効果が最大限発揮できる運営環境を整備する必要があります。「365日・24時間の稼働」が、投資をするうえでは望ましい運営形態となります。

宅配センター

6

EC通販の需要増に伴い宅配センターもフル稼働

宅配センターは、集荷した貨物の仕分け、発送などを行う物流センターです。小口貨物の配送サービスを提供する企業にとって中心的な拠点となります。日本では、ヤマト運輸・佐川急便・日本郵便の宅配大手3社と、EC大手のAmazon・楽天などの専用施設も全国に宅配センターとして設けられておりネットワーク化しています。

●宅配事業者の宅配センター

宅配事業者の宅配センターは、機能によって「集荷・配達店」と「ハブ店」の2種類に区別されています。集荷店は出荷人から集めた（集荷）貨物を、方面別（全国）に仕分けし、幹線便によって配達店へ輸送します（拠点転送）。その際に集荷店からダイレクトに配達店へ輸送することもありますが、輸送効率を高めるために「ハブターミナル」と言われる幹線輸送専用の拠点を利用するケースが増えています。

配達店には割り当てられた地域があり、自店エリア内の配達および集荷を行います。集荷店と配達店は同じ宅配センターが担っていることが一般的です。

●EC事業者の宅配センター

EC事業者の宅配センターは、商品を保管している在庫拠点を宅配センターとして利用する場合と、別に配達専門センターを持つ2種類があります。

Amazonや楽天などのEC大手は宅配事業者を利用していますが、一部の地域では自社の宅配輸送ネットワークを構築して、自社便でのラストワンマイルサービス（エンドユーザーへの配送）を展開しています。

宅配便の流れ

| ①集荷 | ②拠点転送 | ③幹線輸送 | ④拠点転送 | ⑤配達 |

法人（企業）　→　集荷店（発店・営業所）　→　発送ハブターミナル　→　到着ハブターミナル　→　配達店（着店・営業所）　→　荷受人（法人・個人）

宅配取次店　→　集荷店（発店・営業所）

個人宅　→　集荷店（発店・営業所）

船井総研ロジ株式会社作成

SGホールディングスグループの大規模物流センター「Xフロンティア®」佐川急便中継センター

自動仕分機で大量の荷物の仕分けを効率的に行う

画像提供：佐川急便株式会社

コラム2　センターフィーの考え方

　スーパーやコンビニ、ホームセンターといった小売業界には、「センターフィー」と呼ばれる物流費の考え方が存在します。センターフィーとは、小売業者が運営する物流センターに対して、納品業者（ベンダー）が支払う物流センターの使用料を指します。

　センターフィーは一般的に、「商品単価（下代）×料率」で決められます。そのため、単価が高い商品（例：充電器）などが多いとセンターフィーは高く、単価が安い商品（例：飲料水）などが多いとセンターフィーは安くなります。

　小売業界でこのような支払い方法が採用されている理由の1つに、小売業が扱う商材やメーカーの多さが挙げられます。スーパーやコンビニなどの小売業では様々なメーカーの商品を扱っているため、納入業者ごとに支払い方法を変えていては管理が煩雑になってしまいます。そこで、「料率」という一定の割合を商品価格に掛け合わせた費用を、物流センターの使用料として採用しているのです。

　物流効率化の観点から小売業界で導入されているセンターフィーですが、料率の設定根拠が小売業者から開示されないことが多く、納入業者の負担が大きくなりがちという問題があります。センターフィーの適正化は、小売業界で長年議論されている課題の1つです。

センターフィーの考え方の例

第3章

物流センターの
費用構造

　物流センターを運営するには、当然ながら費用がかかります。発生する費用としては具体的にどのような費用項目があるのでしょうか。一般的には保管料と入出庫料がありますが、センターの運営形態、つまり物流センターの機能によって、発生する費用にも差が生じます。物流センターで発生する費用の種類には大きく分けて3つあります。物流センター稼働初期に発生する費用、物流センターを運営する際に発生する費用、物流センターの運営を終了する際に発生する費用です。本章では、物流センター運営にかかる費用や単価設定の方法についてお伝えします。

保管費の考え方

1

計算方法、単位が保管費に大きく影響する

　保管費とは、「商品の保管に必要な費用」と思われている方がいるかもしれませんが、実際には保管に使用するネスティングラックや中軽量棚などの什器や土地、建物にかかる税金など、商品を保管するにあたって必要となるすべての費用を含みます。

●保管費の料金体系

　保管費の契約形態は2つあり、1つは取扱物量に合わせて月々の費用が変動する「変動保管費」。もう1つは坪貸しといった物量に関係なく支払う「固定保管費」です。

　変動保管費の場合は「3期制」や「2期制」で算出されます。「3期制」とは1か月を1日～10日、11日～20日、21日～末日と3期に区分し、前月末保管数量、1期末保管数量、2期末保管数量、当月入庫数量を足して、保管単価を掛け合わせて計算する方法です。ただ、3期制には統一した基準はなく（入荷数量を含めないなど）、契約内容によって積算方法が異なるため、算出定義を確認する必要があります。一方、固定保管費は使用坪数と坪単価を掛け合わせて算出されます。坪単価は物流センターの立地や築年数によって相場が異なります。アクセスのいいエリアや首都圏は坪単価が高くなる傾向にあります。

　保管費は、取扱商品の種類、大きさや契約方法、エリア等によって費用が異なります。荷動きが活発な場合、3期制の料金体系を適用すると、実際の使用坪数よりも高い保管費を支払うことになります。自社の物量傾向を把握したうえで、契約形態を決めることをお勧めします。

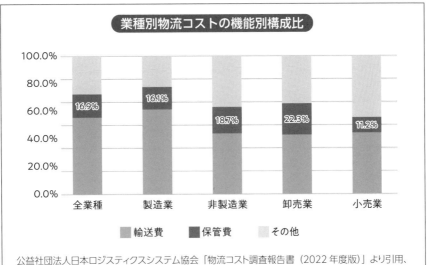

業種別物流コストの機能別構成比

公益社団法人日本ロジスティクスシステム協会「物流コスト調査報告書（2022年度版）」より引用、
船井総研ロジ株式会社作成

○積算単位について

　保管費を算出する際の積算単位は、取扱商品の特性に合わせて定められます。積算単位は下記の通りです。

　面　積：㎡（平米）あたり、坪あたり

　容　積：㎥（立米）あたり、才（立方尺）あたり

　その他：1パレットあたり、1ラックあたり、1ケースあたり、1ピースあたり

○業種別で見る保管費について

　公益社団法人日本ロジスティクスシステム協会が実施している「物流コスト調査報告書（2022年度版）」によると、構成比率は上の図のようになっています。保管費は物流コスト全体で見ると約17%であり、コストインパクトとして大きくはありませんが、契約形態や保管効率によってコストに影響する要素の1つでもあります。

2 荷役費(入出庫料、作業料)の考え方

庫内で行われる作業に対して発生する費用。作業内容を明確にしたうえで費用を設定する必要がある

　荷役費は、商品の入出庫作業、流通加工作業など、物流センター内で行われる作業に対して発生する荷役料、作業料を指します。基本的には人件費、作業能率、作業量を掛け合わせて算出されます。作業に使用する設備費は別途、計上される場合があります。

　荷役費は、どの作業を誰がどのような手順で行うのか、またその作業にかかる時間で決まります。

○荷役に関する作業料について

入庫料：物流センターに荷物を入庫する際に発生する料金です。段ボールやパレットなど、荷姿によって入庫料は変わります。デバンニング料が入庫料に含まれる場合もあります（デバンニングとは、輸入貨物を海上コンテナからフォークリフトや手作業で荷物を取り出すこと）。

出庫料：物流センターから荷物を出庫する際に発生する料金です。出庫料においても、荷姿によって料金が変わります。輸出貨物を海上コンテナへ積み込む作業をバンニングと言います。こちらも出庫料の一種として発生する料金です。

梱包料：段ボールや箱に梱包する際にかかる料金です。

流通加工費：商品のセット組み、ラベルシール貼付、袋詰め作業を行う際に発生する料金です。

○荷役費の計算方法

　荷役費は作業者の人件費（時給単価など）、作業能力（1個あたりのピッキング時の作業時間）、1日あたりの作業量をもとに計算されます。そこ

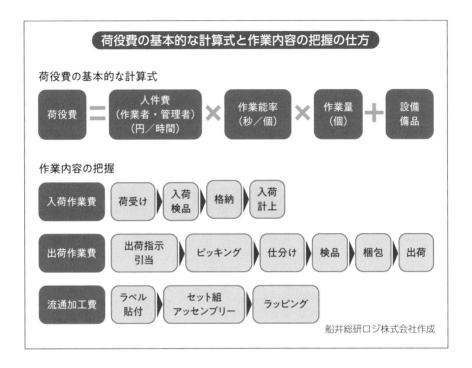

荷役費の基本的な計算式と作業内容の把握の仕方

荷役費の基本的な計算式

荷役費 ＝ 人件費（作業者・管理者）（円／時間） × 作業能率（秒／個） × 作業量（個） ＋ 設備備品

作業内容の把握

入荷作業費：荷受け → 入荷検品 → 格納 → 入荷計上

出荷作業費：出荷指示引当 → ピッキング → 仕分け → 検品 → 梱包 → 出荷

流通加工費：ラベル貼付 → セット組アッセンブリー → ラッピング

船井総研ロジ株式会社作成

に、作業に使用する設備費用を加える場合もあります。

❍荷役費に含まれる作業項目とは

　荷役費を設定する際に、作業の詳細を把握する必要があります。特に作業を外部委託する際には、作業範囲を事前に取り決めなければなりません。例えば「入庫」の作業としては、どのような工程があるでしょうか。トラックの荷台から荷物を降ろし、保管用パレットに積み付ける。外装に破損や汚れがないかチェックし、入庫予定どおりの商品と数量が正しく入庫されているかチェックし、保管場所まで移動し棚入れを行い、システム上で入庫されたものが在庫として計上されるまでの一連の流れが「入庫」であれば、これらの作業を手順書に明記しなければなりません。

検品作業料

作業工程と作業時間（生産性）が単価設定のポイント

❍検品作業とは

検品作業には「入荷検品」「出荷検品」「商品検品」などがあります。

入荷検品は、入荷した商品の品番や数量などが納品書または発注書と合致しているかを照合する作業を指します。

出荷検品は、ピッキング後の商品がピッキングリストの内容（品番や数量）と合致しているかを照合する作業を指します。商品に破損や汚れがないかの確認も行います。

商品検品は、不良品の仕分け、混入検品、作動検品など商品の種類（衣料品、日用品、食料品、家電製品、医療機器など）によって様々あります。例えば電化製品や医療機器の場合は、機器の動作確認などが挙げられます。また、別の例として、1ケースに10枚のTシャツが入っている段ボールが10ケース入荷した場合、「1割検品」といって、入荷分の1割、この場合では1ケース分の段ボールを開梱して、Tシャツが10枚入っているか、Tシャツに汚れやほつれがないか検品作業を行うこともあります。この場合、外装箱（段ボールケース）の数を数えるのと、段ボールを開梱して中身の数量、さらには品質まで確認するのでは、工数が大きく変わります。

❍検品作業料の考え方

検品作業料は、入庫数や出庫数、また上記の通り商品の特性やケース、バラ検品など単位によって単価が変動します。入出荷作業料とは別途発生する費用です。検品作業料は自社の商品に応じた検品作業の内容と検品作業時間、人件費によって把握できます。外部委託する際には、まず自社の作業者で実際に確認し、費用感を把握しておくことをお勧めします。

入荷検品の種類

入荷検品時の作業として、数量確認の単位が外装箱の数量を数える場合（左）と、段ボールケースを開梱して中身の数量を数える場合（右）がある

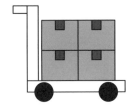 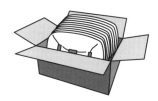

検品作業料の算出手順例

検品作業料は作業工程と1件あたりの時間で構成される

①作業工程	検品作業内容を明確にする。 例：傘の検品作業の場合 1．段ボールを開梱 2．ビニールから傘を取り出す 3．傘を開いてやぶれ、汚れをチェック 4．問題なければ傘をたたんでビニール袋に戻す
②作業時間	①の作業を1件（1個）行うにあたりかかる時間を、実際の作業を行い計測。サンプルで複数名の時間を計測し平均値をとる
③1件あたりの単価へ落とし込み	検品作業に必要な作業時間から、1時間あたりの処理可能作業数量を算出。時給単価で割り返して単価設定

　水道光熱費とは、空調・照明使用時に発生する費用です。保管料金に含めて利用者に請求する場合と、別途請求する場合の2パターンがあります。

　温度管理が必要な冷凍冷蔵の物流センターでは、常温（温度管理不要）の物流センターに比べて電気代は上昇します。また、庫内に保管する貨物がない場合でも、賃貸契約の場合は、基本的に賃貸面積分の賃料は支払う必要があり、電気料金や水道料金などの光熱費も支払わなければなりません。

◯定温倉庫・冷凍冷蔵倉庫の水道光熱費について

　定温倉庫と冷凍冷蔵倉庫のエネルギー使用量の内訳は右の図の通りです。定温倉庫のエネルギー消費量で最も多いのは「照明・コンセント」で約30%を占めます。冷凍冷蔵倉庫では冷凍冷蔵設備に使用するエネルギーが最も多く、約77%を占めています。

　昨今の法人向けの電気代は、5年前に比べて1.5〜2倍程度に上昇しています。冷凍冷蔵倉庫を保有している企業においては、電気代上昇の影響は顕著に現れているのではないでしょうか。

◯基本的な節電対策について

照明設備：照明の節電で効果が高いとされるのが、LED照明への切り替えです。ただし、作業領域ごとに設けられている適正照度の調整が必要です。

空調設備：消費電力に影響を与えるのが、設定温度です。商品の特性ごとに適正な温度管理をする必要があります。物流センターでは、基本的に設定温度任せになっている現場を目にします。空調設備の設定温度と物流セ

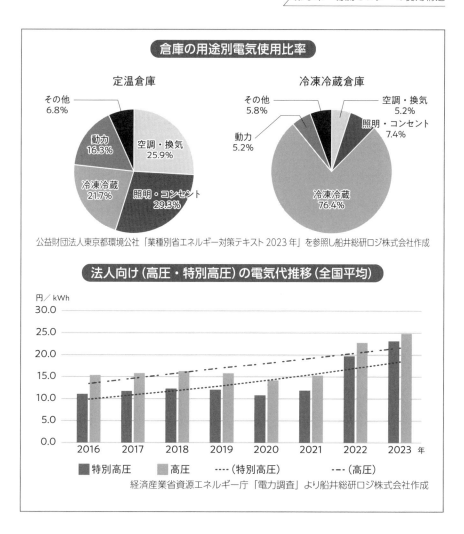

倉庫の用途別電気使用比率

定温倉庫

- その他 6.8%
- 空調・換気 25.9%
- 照明・コンセント 29.3%
- 冷凍冷蔵 21.7%
- 動力 16.3%

冷凍冷蔵倉庫

- その他 5.8%
- 動力 5.2%
- 空調・換気 5.2%
- 照明・コンセント 7.4%
- 冷凍冷蔵 76.4%

公益財団法人東京都環境公社「業種別省エネルギー対策テキスト 2023 年」を参照し船井総研ロジ株式会社作成

法人向け（高圧・特別高圧）の電気代推移（全国平均）

円／ kWh

■ 特別高圧　■ 高圧　‥‥‥（特別高圧）　—‧—（高圧）

経済産業省資源エネルギー庁「電力調査」より船井総研ロジ株式会社作成

ンターや事務所の実際の温度が必ずしも一致しているとは限りません。作業場ごとに温度を正確に把握し、温度を調整することが重要です。

　最近では電気代削減や節電・省エネ対策として、産業用蓄電や太陽光発電を導入している企業もあります。これらの対策はコスト削減だけでなく、環境負荷の軽減や災害時の停電対策にもつながります。

5 什器(ネスティングラック、パレット、台車等)の費用

センター運営に必要な什器。新規購入だけでなく、破損・老朽化に伴う入れ替えの費用も想定する必要がある

　商品を保管する際に使用するパレットやネスティングラック、庫内作業や搬送を行う際に使用するかご車などの什器は、センター運営に必要であるとともに、業務実態に合わせてセンター運営開始前に揃える必要があります。什器はセンター運営者が準備する場合と、センターに荷物を預ける荷主企業が準備する場合があります。センター運営者が準備する際には、什器の新規購入費用を運営費用として見込んでおく必要があります。

●什器の費用を物流運営の単価に含める場合

　パレットやネスティングラックなどの保管に使用する什器は、保管料に含めて単価設定をする場合があります。保管料が坪建て設定の場合、必要坪数に対して什器がいくつ必要かを計算し、1坪あたりにかかる什器の費用を坪単価に加算したうえで、保管料を設定する手段があります。

●什器の費用を別建てて設定する場合

　センター運営に必要な什器は、什器の費用として物流運営の保管単価や作業単価に含めず、別途、センター運営の依頼主（荷主企業）へ請求するパターンもあります。こちらのパターンでも、センターでの取り扱い物量、荷姿、作業内容に応じて什器を選定し、必要数を算出し、見積もりを提示する必要があります。

●什器の有効活用

　複数の物流センターを運営している場合、他センターの余剰什器を活用するケースもあります。新規購入がなくなるので、センター運営費用を抑

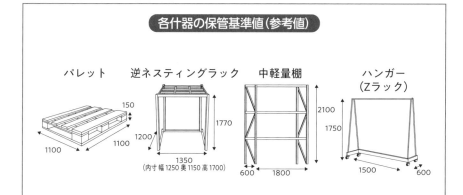

各什器の保管基準値(参考値)

パレット　逆ネスティングラック　中軽量棚　ハンガー(Zラック)

什器	格納力（例）
パレット（平置）	1.0〜1.2㎡、6ケース×4段＝24ケース／パレット
ネスティングラック2段積み	パレット3枚分
中軽量棚	4列4段16ケース
Zラック	春夏衣料80〜100着、秋冬衣料20〜30着

　えることができます。パレットに関しては、使用期間に応じて購入、もしくはレンタルのどちらが廉価かを比較したうえで選択する必要があります。

　什器ごとに、どの程度商品が保管可能かを算出し、必要な什器の数を計算します。パレットはパレットサイズや格納する商品の荷姿によって、1パレットあたりに積載できる数量が大きく異なります。また、1パレットに段積み可能な荷姿かどうか（段積みすることで、荷崩れや変形するような商品ではないか）も、1パレットあたりの格納数量に影響します。

　このような実態を踏まえたうえで、必要な什器の数を算出し、センター運営に必要な経費として見る必要があります。

6 梱包資材の費用

段ボール、テープ、緩衝材など、日々の業務で必ず
使う消耗品も費用として見ておかなければならない

梱包資材とは、商品を発送する際の破損や汚損を防止するために用いられるものです。段ボールやストレッチフィルム、粘着テープ、緩衝材などがあります。梱包資材費は梱包作業に必要な資材費です。昨今のECの拡大に伴い、ダンボール、緩衝材、粘着テープなど梱包資材の使用量は増加しています。その一方で、環境問題に目を向けた資材選びやコスト削減の観点から、梱包資材費の適正化を図る必要があります。

●梱包資材費の考え方

梱包資材費が物流コストに占める割合は約5％と、コストインパクトとしては大きくないため、見落とされる傾向にあります。しかし、物流コストの削減には必要不可欠な要素です。プラスチックを使用している梱包資材の原材料はほとんどが石油であるため、原油価格が上昇すると原材料が高くなり、結果として梱包資材が値上がりします。プラスチック類の包装・容器出荷数は、2017年が372.2万トンだったのに対し、2021年は0.98倍の364.4万トンでした。出荷金額では2017年が1兆5,622億円だったのに対し、2021年は1.06倍の1兆6,539億円でした。出荷数は減少傾向にありますが、出荷金額は原料価格の高騰により増加しています。また、紙類においては、2017年と比較し、2021年では出荷数は1.01倍、出荷金額は1.04倍と、出荷数、出荷金額ともに増加傾向にあります。

●梱包資材費の削減方法

梱包資材費の削減方法として、商品マスタの整備があげられます。商品のサイズに応じて適切な梱包箱が選定できるよう、WMSに登録された商

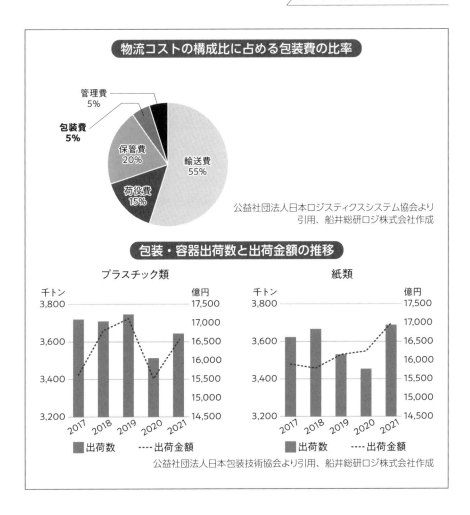

物流コストの構成比に占める包装費の比率

管理費 5%
包装費 5%
保管費 20%
荷役費 15%
輸送費 55%

公益社団法人日本ロジスティクスシステム協会より
引用、船井総研ロジ株式会社作成

包装・容器出荷数と出荷金額の推移

プラスチック類

千トン 億円

出荷数 …… 出荷金額

紙類

千トン 億円

出荷数 …… 出荷金額

公益社団法人日本包装技術協会より引用、船井総研ロジ株式会社作成

品マスタからサイズ（容積）を計測し、最適な梱包箱のサイズを選定し、
システム上で指示を出すことです。結果、梱包時に使用する緩衝材の利用
を抑えることができます。作業者の「経験値」に基づいて梱包箱を選定し
ている場合、作業者によって梱包箱の選定に差が生じてしまいます。また、
梱包箱のサイズによって運賃が変わる場合、支払運賃にも影響する可能性
があります。

各種許可証の申請費用

営業倉庫（他社の貨物を預かり収益を得る倉庫）、危険物倉庫等の運営に必要な申請。申請時に費用も発生

　生産者と消費者をつなぐ物流センターの運営には、多種多様な貨物を大量かつ安全に保管するため、倉庫業法に基づいて各種登録を行う必要があります。登録するには、取扱商品に応じた基準を満たしていること、また、物流センターの管理に必要な知識および能力を有し、国土交通省令で定める要件を備える倉庫管理主任者を選任すること等が必要となります。倉庫業を営む物流センターは「営業倉庫」（第三者から荷物を預かり物流業務を行うための営業目的で所有する倉庫）と呼ばれ、営業倉庫の登録をするための申請費用や営業倉庫の施設設備基準を満たす設備設計をする必要があります。

●営業倉庫の施設設備基準について

　一般的な物流センターの設備基準は右の図の通りです。定められた基準を満たしていない場合、営業倉庫を運営することはできません。

　営業倉庫は、取扱商品に応じて「一類倉庫・二類倉庫・三類倉庫・野積倉庫・水面倉庫・貯蔵槽倉庫・危険品倉庫・冷蔵倉庫」と、倉庫の種別が異なります。営業倉庫として登録することに加えて、危険品や医療品を扱う場合は、別途申請が必要となります。

危険物倉庫：消防法で定められた「危険物」を大量に保管する倉庫です（詳細は64ページ参照）。危険物倉庫設置の許可申請費用と、国家資格である危険物取扱者を取得している危険物取扱責任者の設定が必要になります。各種資格の取得や適切な人員の配置も必要となります。

営業倉庫の施設設備基準（倉庫業法第 6 条第 1 項第 4 号）

項目番号	施設設備基準	一類	二類	三類	野積	水面	貯蔵槽	危険品 工作物	危険品 土地	冷蔵
1	倉庫及び敷地について所有権その他使用権原を有すること	○	○	○	○	○	○	○	○	○
2	倉庫の種類ごとに国土交通大臣の定める建築基準法その他の法令の規定に適合していること	○	○	○	○	○	○	○	○	○
3	土地に定着し、かつ、屋根及び周囲に壁を有する工作物であること	○	○	○						○
	ただし、鋼材その他の重量物の保管のため、天井走行クレーン等の固定荷役機械を設置しており、周囲に壁を設けることができない倉庫にあっては、国土交通大臣が別に定めるところによる			○						
4	軸組み、外壁又は荷ずり及び床の強度が、国土交通大臣の定める基準に適合していること	○	○	○						○
5	構造及び設備が、倉庫内への水の浸透を防止するに足るものとして国土交通大臣の定める基準に適合していること	○	○	○				○		○
6	土地からの水分の浸透及び床面の結露を防ぐため、床に国土交通大臣の定める防湿措置が講じられていること	○	○	○						
7	国土交通大臣の定める遮熱措置が講じられていること	○	○							
8	倉庫の設けられている建物が、耐火性能又は防火性能を有するものとして国土交通大臣の定める基準に適合していること	○						○		
9	危険物等を取り扱う施設その他の国土交通大臣の定める施設に近接する倉庫にあっては、国土交通大臣の定める災害防止上有効な構造又は設備を有すること	○						○		
10	倉庫の設けられている建物内に事務所、住宅、商店等の火気を使用する施設又は危険物等を取り扱う施設が設けられている場合にあっては、当該施設が、国土交通大臣の定めるところにより区画されていること	○	○	○						
11	消防法施行規則(昭和36年自治省令第6号)第6条に定めるところにより消火器等の消火器具が設けられていること(この場合において、倉庫の延べ面積が150平方メートル未満であるときは、これを延べ面積が150平方メートルの倉庫とみなして、同規則第6条の規定を適用する)	○	○	○	○			○	○	○
12	国土交通大臣の定める防犯上有効な構造及び設備を有していること	○	○	○				○	○	○
13	国土交通大臣の定めるそ害の防止上有効な設備を有していること	○	○							
14	工作物又は土地であって、その周囲が塀、柵等の国土交通大臣の定める防護施設を持って防護されていること				○				○	
15	国土交通大臣の定めるところにより照明装置が設けられていること				○	○			○	
16	建物の屋上を野積倉庫として用いる場合にあっては、当該屋上の床の強度が国土交通大臣の定める基準に適合しているとともに、保管する物品が屋上から落下することを防ぐ措置が講じられていること				○				○	
17	水面であってその周囲が築堤その他の国土交通大臣の定める工作物をもって防護されていること					○				
18	高潮等による保管する物品の流出を防止するため、周囲の防護施設に保管する物品を係留する等の措置が講じられていること					○				
19	土地に定着し、かつ周壁により密閉された貯蔵槽であること						○			
20	周壁の側面及び底面の強度が国土交通大臣の定める基準に適合していること						○			
21	倉庫内の要所に、倉庫内と外部との連絡のための通報機その他の設備を有すること									○
22	冷蔵室の保管温度が常時摂氏10度以下に保たれるものとして国土交通大臣の定める基準を満たしていること									○
23	見やすい場所に冷蔵室の温度を表示する温度計が設けられていること									○

原状回復費用

物流センター利用時だけでなく、終了時（退去時）にも費用がかかる。入居時に確認が必要

「原状回復」とは、賃貸住宅と同様に、契約したときの状態に戻す際に発生する費用のことです。物流センターは借主によって使用方法が異なるため、使用状況に応じて原状回復費用にも大きな差が生じます。

契約開始前に、賃貸借契約終了後に発生する原状回復の取り決めを行い、書面で管理しておかなければ、退去時に大きなトラブルにつながる可能性があります。

また、物流センターの原状回復費用は1社の見積もりで判断するのではなく、複数の業者から見積もりを取り、費用の比較を行うことで、適正な工事費を把握する必要があります。

○物流センターの原状回復工事の対象範囲

契約内容にもよりますが、基本的には原状回復費用は借主が負担する場合がほとんどです。建物価値の減少には、年月の経過とともに自然に発生する経年劣化と、用途に応じて発生する損耗などがあげられます。

物流センターの原状回復工事の対象範囲として「庫内」と「事務所等（更衣室、休憩室も対象となる場合あり）」に区分されます。各々の場所において、想定される原状回復の対象場所（一例）は右の図の通りです。契約開始前に確認を行い、賃貸借契約に明記しておく必要があります。

物流センター内の原状回復の対象範囲一例

	場所	一例
庫内	床	床面
		アンカー
		賃借人工事の塗装・テープ跡
		フォークリフト充電エリアの合成樹脂系塗床
	柱・梁・壁・天井	各所
		耐火被覆
	建具	シャッター・オーバースライダー
		鉄扉
	照明	管球
		器具
	防護設備	ガードステップ・コーナーガード・ガードパイプ他
	搬送設備	荷物用エレベーター
		垂直搬送機
	トラックバース	ドックレベラー
		緩衝材（ショックストッパー）
	サイン類 （賃借人設置）	各種銘板等
	その他設備	コンセント、スピーカー、分電盤等
		防災設備（屋内消火栓、誘導灯他）
		有圧扇・ダクト・配管、配線類
	賃借人設置設備	マテハン等
事務所等	床	タイルカーペット等
		ビニールタイル、ビニルシート
	壁	クロス
		塗装
	天井	ボード（岩綿吸音板等）
	建具	扉
		扉三方枠、窓枠などの鉄部
		ブラインド
	照明	管球
		器具
	鍵	個別施錠用の鍵
	その他設備	専用部のシンク、湯沸器などの付帯設備

船井総研ロジ株式会社作成

コラム3　物流業界独自の単位「才<ruby>才<rt>さい</rt></ruby>」

　物流業界について初めて学ぶ人がまず戸惑うのは、業界独自の単位ではないでしょうか。ここでは、物流業界で使用される「才」と呼ばれる単位について解説します。

　「才」とは、物流業界で荷物の大きさをあらわす単位のことで、縦30.3cm、横30.3cm、高さ30.3cmの立方体の体積が「1才」です。基本的に「1才＝約8kg」とされ、重量と容積を変換するのにも役立ちます。

　物流業界で「才数」を使用する理由の1つは、トラック輸送などにおいて、正確な見積もり金額を設定するためです。一般的に運賃は実重量と容積換算重量※を比較し、より重いほうをベースに設定されますが、この容積換算重量を算出するのに役立つのが「才」です。

　例えばスナック菓子が入った段ボールを運ぶトラックと、飲料水が入った段ボールを運ぶトラックがある場合、重量ベースで運賃を決めてしまうと、スナック菓子が入った段ボールを運ぶトラックは、かさばる荷物であるにもかかわらず重量が軽いため、実重量をもとに運賃を計算すると、廉価な輸送価格になってしまう可能性があります。商品特性に応じて、運賃計算時の重量を実重量と容積換算重量のいずれで計算するかを事前に設定する必要があります。

　こうすることで、作業負担に見合った運賃を設定することができるようになるのです。

※容積換算重量：容積を重量換算したもの。容積重量ともいう。

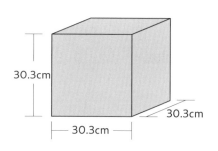

1才＝約8kg

第4章

物流センターの
設備・機能

　運営効率と品質を高めるために、物流センターの設備には様々な工夫が施されています。物流センターは、標準設備としてすでに機能が完備されている場合と、建物のみで細かい設備は入居者（物流センター利用者または物流センターの保有者）が業務に応じて設備を追加で構築する場合があります。業界の数だけ物流センターの運営が多岐にわたるのと同様に、必要な設備も業界によって異なります。本章では、物流センターの機能・設備として一般的な事例についてお伝えします。

セキュリティ対策

1

取り扱う商品の特性に応じて、盗難・紛失の被害を防ぐためのセキュリティ対策が必要

　取り扱う商品に応じて、物流センターに必要な設備と機能は異なります。高額な商品や貴重品、機器類を保管する場合には、盗難や紛失を防ぐために防犯カメラや監視システム、セキュリティゲート、セキュリティ会社との契約など、セキュリティ対策を十分に行う必要があります。

　セキュリティ面においては、物流センターの役割の中で「保管」が最も重要な役割を果たします。保管とは、貨物を単に置いておくということではなく、「安全かつ品質や商品価値を維持するため」の役割を果たしています。物流センターの役割を整理しながら、セキュリティ対策について解説します。

○物流センターのセキュリティ対策

　セキュリティ対策が求められるのは、物流センター内で保管されている商品だけではありません。商品情報や個人情報など物流センターには機密情報が多く、これらのセキュリティ強化も求められています。

　また、社内のみならず、社外侵入者からの情報漏えいといったリスクもあります。

　セキュリティを強化する前提として、物流センターで働く従業員にセキュリティの必要性を理解してもらう必要があります。日々、セキュリティについて意識できる環境を作っておくことでトラブルを最小限に抑えることができ、それがお客様からの信頼につながります。

セキュリティ対策の一例

セキュリティシステム	詳細内容
警備員の配置	庫内の監視や安全を確保するため配置する
入退室管理システム	いつ・誰が・どこに、入退室したのかを記録する
赤外線侵入センサー	赤外線がさえぎられたり反射したりすることで不審者を検知する
ITV監視カメラ	遠隔地からでも状況をリアルタイムで確認できる
警報ベル	大音量のベル音で侵入者を威嚇する

船井総研ロジ株式会社作成

物流センターでセキュリティ対策が必要なシーン

敷地全域
倉庫棟
事務棟

倉庫棟

事務棟
サーバールーム
書庫

- ボックス形カメラ
- ドーム型カメラ
- 屋外用上下・左右・拡大縮小カメラ
- 屋外用ボックス型カメラ
- 車番認識用カメラ
- レーザーセンサー
- カードリーダー
- 光ファイバーケーブル

　保管する商品の種類や特性に応じて、庫内の温度管理が必要です。特に食料品や医薬品等は品質維持に注意して保管する必要があり、温度管理も厳格に設定されています。冷蔵倉庫（10℃以下）は7つの温度帯（右の図のF4級〜C3級）で区分されています。

　ここでは、物流センターで使用されている温度帯と温度帯ごとの商品特性について解説します。

●物流センターの温度帯区分は4種類

　物流センターの倉庫は「定温倉庫」「冷蔵倉庫」「冷凍倉庫」「超低温倉庫」の4種類に大きく分けられます。各倉庫の特性について説明します。

定温倉庫： 外気温の変化に関係なく、年間を通して庫内温度が一定に保たれている倉庫を指します。5〜18℃の一定温度で管理されていることが多く、医薬品、食料品、精密機器、ワインなどが保管されています。

冷蔵倉庫： 10℃以下の低温で管理される倉庫を指します。乳製品、野菜、鮮魚介などが保管されています。

冷凍倉庫： マイナス18℃以下で管理される倉庫を指します。アイスクリーム、冷凍食品、魚介などが保管されています。

超低温倉庫： 冷凍倉庫よりさらに低いマイナス40℃以下で管理される倉庫です。長期保存が必要なため、鮮度を維持するための温度管理となっています。冷凍マグロやカツオなどが保管されています。

　温度管理が必要な物流センターは、使用用途に応じて立地にも関係しま

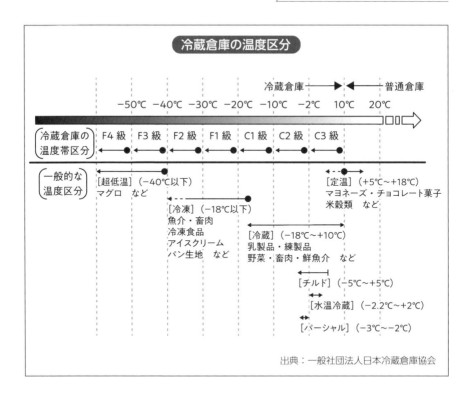

出典：一般社団法人日本冷蔵倉庫協会

す。

港湾型倉庫：貿易港のそばで輸入食材・食品を保管

産地型倉庫：野菜、果物の産地や漁港のそばで収穫時に保管

流通型倉庫：高速道路やインターチェンジなど交通の便がいい場所に立地

し、スーパーやコンビニエンスストアに食品を配送

※「倉庫業法第三条の登録の基準等に関する告示」が改正され、2024年4月1日から
　温度区分が変更になります。詳しくは国土交通省ホームページをご覧ください。

危険物

3

取り扱いに注意が必要で、指定された場所で保管を
行う必要がある属性

　危険物施設は「指定数量以上の危険物を製造・貯蔵・取り扱いなどする
建物」のことを指し、「危険物製造所」「危険物貯蔵所」「危険物取扱所」の
3つに分類されます。危険物を保管する危険物倉庫は、このうち「危険物
貯蔵所」に該当し、消防法をはじめとする法令・条例によって、建築基準
や設備の設置について様々な規制が設けられています。

●危険物とは

　危険物とはどのようなものを指しているのでしょうか。消防法で危険物
は以下のように定義されています。
　①火災発生の危険性が大きい
　②火災が発生した場合に火災を拡大する危険性が大きい
　③火災時の消火の困難性が高い
　私たちの日常生活において身近なものとして、ガソリン・灯油・油性塗
料等などがあげられます。

　危険物倉庫を建設する際には、住宅街や学校、病院などに影響をおよぼ
さないよう、定められた保安距離を確保する必要があります。その他にも
延焼の防止、消火活動などのために、周囲に保有空地を確保する必要があ
ります。

●危険物倉庫の需要の高まり

　危険品を取り扱う産業領域の拡大や、新型コロナウイルス感染拡大によ
るアルコール消毒剤などの利用増、危険物に該当するリチウムイオン電池

危険物の分類

類別	性質	特性	代表的な物質
第1類	酸化性固体	そのもの自体は燃焼しないが、他の物質を強く酸化させる性質を有する固体であり、可燃物と混合したとき、熱、衝撃、摩擦によって分解し、極めて激しい燃焼を起こさせる。	塩素酸ナトリウム、硝酸カリウム、硝酸アンモニウム
第2類	可燃性固体	火炎によって着火しやすい固体又は比較的低温(40℃未満)で引火しやすい固体であり、出火しやすく、かつ、燃焼が速く消火することが困難である。	赤リン、硫黄、鉄粉、固形アルコール、ラッカーパテ
第3類	自然発火性物質及び禁水性物質	空気にさらされることにより自然に発火し、又は水と接触して発火し若しくは可燃性ガスを発生する。	ナトリウム、アルキルアルミニウム、黄リン
第4類	引火性液体	液体であって引火性を有する。	ガソリン、灯油、軽油、重油、アセトン、メタノール
第5類	自己反応性物質	固体又は液体であって、加熱分解などにより、比較的低い温度で多量の熱を発生し、又は爆発的に反応が進行する。	ニトログリセリン、トリニトロトルエン、ヒドロキシルアミン
第6類	酸化性液体	そのもの自体は燃焼しない液体であるが、混在する他の可燃物の燃焼を促進する性質を有する。	過塩素酸、過酸化水素、硝酸

出典：消防法

（スマートフォンやタブレットなどの電子機器や、電気自動車に使用される）のニーズの高まりなどにより、危険物保管の需要が拡大しています。

　また、企業におけるコンプライアンス意識の変化も影響しています。昨今の物流業界の課題に「人手不足」があげられますが、「危険物倉庫不足」も課題の1つと言えます。

衛生対策

4

食品、医薬品を扱うセンターでは特に管理を徹底している

保管する商品の品質を維持するには、徹底した衛生管理が必要です。特に食品や医薬品、化粧品などは衛生面での管理が不可欠です。衛生上の問題の発生を防ぐための、法令に基づいた管理方法について紹介します。

●物流センターにおける衛生管理とは

衛生管理が求められるのは、物流センターの中だけではありません。庫内で働く作業者や出入りするトラックも含まれます。昨今は自動化された物流センターが増えていますが、必ずどこかに「人」が介在しており、衛生管理が必要です。また、保管する商品によって異なりますが、庫内においては法令に従った衛生管理が必要です。

●食品衛生法とHACCP

特に食品を取り扱っている場合、法令（食品衛生法）に従って衛生管理を徹底しなければなりません。原則すべての食品等事業者はHACCPに沿った衛生管理に取り組むことが義務化されています。冷蔵倉庫においては、これまで食品衛生法の営業許可業種でしたが、改正法では届出業種に移行されました。

HACCPとは、食中毒菌汚染や異物混入等の危害要因（ハザード）を把握したうえで、原材料の入荷から製品の出荷に至る全工程の中で、それらの危害要因を除去または低減させるために特に重要な工程を管理し、製品の安全性を確保しようとする衛生管理の手法です。これは WHO（世界保健機関）とFAO（国連食糧農業機関）が合同で運営している食品規格委員会によって発表されており、国際的に認められています。

物流センターの衛生対策

HACCP=Hazard Analysis Critical Control Point の頭文字を取った用語

危害分析　Hazard Analysis　危害　分析

重要管理点　Critical Control Point　重要　管理　点

原料　下処理　加熱　冷却　包装　出荷

衛生上の危害防止策

地面直置き　台車orパレット積み

船井総研ロジ株式会社作成

○衛生面において注意すべき保管方法

物流センター内での汚染や異物混入等を招く保管方法は次の通りです。

・床に直置きする、壁につけた状態で保管する

・納入日や開封日、賞味期限が確認できない状態で保管する

・保管場所(冷凍庫・冷蔵庫)を決めていない

衛生水準の確保・向上を図るためには、例えば、直置きを廃止し、ホコリが付着しないよう台車やパレットで保管するといった衛生上の危害を防止する取り組みを講じることで、安全性の確保ひいては信頼にもつながります。

バース

5

商品特性に応じて、バースの使用用途が変わる

　物流センターで荷積み・荷降ろし作業を行う際にトラックを停車させておく場所を「バース」と言います。船が着岸する部分を「バース(berth)」と呼ぶことから、物流センターでも使われるようになりました。バースには、トラックの荷台に高さを合わせた「高床バース」と、地面と同じ高さの「低床バース」の2種類があります。

○高床バースについて

　物流センターでは商品を保管するだけではなく、商品の出し入れを行う入出荷エリアもあります。高床バースはトラックの荷台部分に高さを合わせているため、荷降ろしをスムーズに行うことができます。作業者は荷物をトラックの荷台から上げたり下げたりする労力を軽減することができ、かつ効率的に作業を行うことができます。

○低床バースについて

　高床バースに対し、地面と同じ高さである接車バースを「低床バース」と言います。フォークリフトを使って庫内からトラックへ商品を積み込んだり、またはトラックの荷台からフォークリフトで荷降ろしした商品を庫内へ搬入したりできます。

　地面と倉庫の床が同じ高さの低床バースは、台風などの自然災害時に1階部分が浸水するリスクがあります。また、ホコリの付着や湿気の影響を受けやすいため、衛生管理が必要な商品の保管には向きません。

　取り扱い商品の特性を考慮して、効率的な荷役作業を行うことができる物流センターを選ぶことが重要です。

バースのイメージ

PIXTA

PIXTA

高床バースと低床バース

高床バース

低床バース

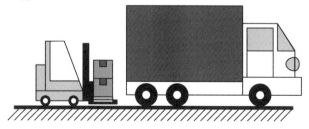

船井総研ロジ株式会社作成

垂直搬送機

多層階の物流センターで貨物を上下に移動する際に必要な機器

垂直搬送機とはその名の通り、様々な貨物を垂直に上下させて目的の階層へ移動させるための貨物専用の搬送設備です。一般的には、物流センターや製造工場などで導入されています。重量物を取り扱う工場や物流センターで、人力で荷物を上下の階層へ移動させる際には危険が伴います。垂直搬送機を使用することで貨物の搬送を自動で行うことができるため、作業効率を上げることができます。

●垂直搬送機の特徴について

「垂直搬送機」は荷物の搬出入時に人手を介さないため、作業効率の向上だけでなく、作業時の安全性が高いという利点もあります。一方で、上下搬送をする垂直搬送機の場合、例えば、出荷ピーク時に3階から1階まで降ろす荷物があり、さらに2階から降ろす荷物もあると、「降ろし待ち渋滞」が発生します。そのことにより、1階に降ろすのに時間を要する場合もあります。機器は入れたら終わりではなく、物流センターの業務フローをふまえたうえで、使用方法を検討する必要があります。

●垂直搬送機の種類

垂直搬送機には大きく2つの種類があります。

トレータイプ：トレーやカゴの部分に荷物を積載して、昇降させるタイプです。搬送トレーの部分に荷物を手動で積載し、昇降するタイプです。

コンベアタイプ：コンベアタイプは、複数のローラーを用いて荷物を搬送するものを指します。コンベア部分に荷物を載せて、搬送トレー部分まで自動で搬出入を行い、昇降するタイプです。

トレータイプ　　　　　**垂直搬送機**

コンベアタイプ（2点間搬送）

画像提供：
鈴木製機株式会社

コンベアタイプ（往復搬送）

画像提供：オムニヨシダ株式会社

画像提供：ホクショー株式会社

　上下の往復搬送が可能なタイプと、2点間（例えば2階から1階までなど決められた区間）の片道搬送タイプがあります。往復搬送タイプは多品種・多層階の搬送が可能です。2点間搬送タイプは短時間で大量搬送を可能とし、小売の物流センターで多く利用されています。

ランプウェイ

7

多層階センターで庫内の上下搬送をせず、トラックで直接各階へ着車することができる

　ランプウェイとは、多層階の物流センターにおいて、トラックが上下階の間を自走して荷物の積み降ろしするための走路を指します。一般的には、ランプウェイのある施設のほうがテナント誘致に有利であるため、賃料も高い傾向にあります。賃料水準の決定要因は、主に３つあり、①立地特性、②施設仕様、③需給状況が挙げられます。

●物流施設の種類と特徴について

　物流センターは大きく２つのタイプに区分されます。１つは「BOX型」、もう１つは「ランプウェイ型」です。

　「BOX型」は物流施設の中で最も標準的な構造であり、保管機能を重視するテナントに適しています。

　「ランプウェイ型」のランプ（Ramp）とは傾斜路を意味します。日本では「スロープ」と呼ばれることが多いですが、登る、下る目的の傾斜路のことをランプと言います。各階でトラックが出入りできるようにスロープを設けた、集配送機能に優れた施設です。ランプウェイを導入している物流センターにマルチテナント型施設が多いのは、複数のテナントで共有できるよう汎用性を持たせているためです。荷量の変動が大きいテナントに適しています。

●物流施設における需要変化

　近年、人口減少・少子高齢化による物流業界の人手不足（労働力不足の顕在化）や情報通信技術（ICT）の革新等、社会情勢は大きく変化しています。これに伴い、物流に求められる機能は高度化・多様化しています。

ランプウェイ

上下フロアに直接トラックを着車することができる

画像提供：日本自動車ターミナル株式会社

物流施設の変容図

1990 年	1995 年	2000 年	2005 年	2010 年	2015 年	2020 年

90 年：トラック事業法改正（免許制から許可制へ）　　05 年：物流総合効率化法制定　　14 年：省エネ法改正　　21 年：建築資材高騰

97 年：物流施策大綱に「3PL 事業の促進」明示　　06 年：減損会計の全面導入

02 年：倉庫業法改正（許可制から登録制）　　11 年：東日本大震災　　15 年：建築物省エネ法制定（施行は 2017 年）

保管型物流施設
- ■主に保管機能に対応している

配送型物流施設
- ■荷主企業のニーズの変化に対応し、物流コストの削減やサプライチェーンの最適化に対応
- ■保管型施設に比べると大型施設、高機能設備・システム導入、流通加工スペースを確保
- ■3PL 事業者が積極的にビジネスを展開

賃貸型物流施設（物流不動産）
- ■マルチテナント型として多種多様な荷主のニーズに対応
- ■施設の所有者と運用者が別の担当者である
- ■外資系を含む不動産会社などが参画
- ■昨今、免震装置、太陽光発電等が標準的に装備

船井総研ロジ株式会社作成

　これまでは荷主企業から委託された貨物の保管が主な物流機能として求められていました。しかし昨今は、貨物の保管にとどまらず、コスト削減やサプライチェーンの最適化といった荷主企業のニーズに対応した、高機能な設備の導入や流通加工スペースの確保等、保管以外の付加価値を備えた「配送型物流施設」の需要が高まっています。マルチテナント型として様々な荷主企業のニーズに対応できる、ランプウェイ型の物流センターが増加傾向にあります。

照度

8

作業内容に応じて必要な照度を確保する

　物流センター内で作業をする際には、一定の視認性を保つために適切な明るさが必要です。必要な明るさは作業内容によって異なり、照明基準が設定されています。作業スペースの明るさは、労働安全衛生法に基づいて厚生労働省が作成した労働安全衛生規則に則り、「最低照度」が定められています。現場でよく参考にされているのは、JIS（日本産業規格）の照度基準の「推奨照度」です。照度基準の目的は、適切な明るさの確保によって、庫内における安全な作業環境を整えることです。

○物流センター内作業における照度とは

　物流センター内で作業をする際には、安全に作業するためにある程度の明るさが必要であり、照度基準を用いて定められています。明るさの単位はいくつかありますが、指標として一般的に用いられているのは「照度」です。照度の単位はlx（ルクス）で表されます。

　適切な明るさが保たれていないと、作業効率の低下やミス、事故が発生しやすくなります。また、眼精疲労や視力低下等健康状態に支障をきたす可能性もあります。JISの照度基準は、作業環境における快適性や安全性のために推奨される目安です。作業内容によりますが、一般的な物流センターにおいては、JISの照度基準では100〜300lxが推奨されています。

○適正照度が保たれていない物流センターの失敗例

ラベルの内容が見えない：庫内の照明が不足しており、ラベルが見えない。出荷ミスやピッキング作業の効率低下につながる。

陰ができて死角エリアができる：商品棚やラックの位置によっては陰がで

労働安全衛生規則

第3編　衛生基準　　第4章　採光及び照明　　（照度）第604条
事業者は、労働者を常時就業させる場所の作業面の照度を、次の表の上欄に掲げる作業の区分に応じて、同表の下欄に掲げる基準に適合させなければならない。ただし、感光材料を取り扱う作業場、坑内の作業場その他特殊な作業を行なう作業場については、この限りでない。

JISの照度基準の推奨照度

照度(lx)	場所	作業内容
3000 2000	制御室等の計器盤及び制御盤	精密機械、電子部品製造における細かい視作業　　例）組立、検査、試験
1000 900 800	設計室、製図室	繊維工場、化学工場などにおける分析 例）選別、検査、試験
700 600 500 400	制御室	一般の製造工程などでの視作業 例）包装、荷造
300 200	空調機械室	限定された作業、包装
100 50	出入口、通路、作業を伴う倉庫	ごく粗な作業　　例）包装、荷造
30	倉庫、屋外動力設備	荷積み、荷降ろし、荷物の移動など

JIS照度基準「照明設計資料」より引用、船井総研ロジ株式会社作成

き、物流センター全体が暗くなる。フォークリフトなどが行き交う現場では事故につながる。

直射日光、湿気対策

9

外気の影響を受けないよう対策が必要

　物流センターは一般的な建物に比べて面積が広く、間仕切りが少ないため、エリアによっては空調が効きにくく、湿気がたまりやすくなります。湿気がたまると、保管商品の外装箱が変形し、荷崩れするおそれがあります。また、庫内に保管しているとはいえ、窓ガラスを通して日光が当たっていれば、商品が劣化する恐れがあります。

●直射日光による影響

　直射日光よる影響は大きく２つあります。１つは庫内が高温になること、もう１つは商品の劣化です。

　物流センターは屋根や壁の面積が広く、直射日光の影響を受けやすい構造になっています。１フロアのセンター、もしくは多層階センターの最上階は、屋根に直射日光があたるため、熱がこもりやすく、庫内が高温になりがちです。高温または直射日光があたることで、商品の色褪せや外装箱のしわやよれが発生してしまいます。

●湿気による影響

　庫内の温度管理に加え、湿度調整も同時に必要です。湿度が高い場合、結露によって商品の変形や変色、変質を引き起こす可能性があります。外装箱が薄い段ボールなどは、段積みした場合、一番下の段ボールが湿気と重みで変形し、荷崩れを起こす可能性があります。結果、破損や輸送中の事故につながる恐れがあります。

　取り扱う商品によっても異なりますが、庫内の温度・湿度管理の実施および記録管理の状況を正確に把握しておくことが重要です。また、段ボー

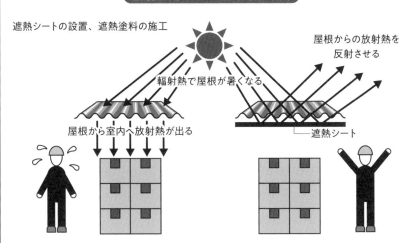

直射日光および湿気対策の例

遮熱シートの設置、遮熱塗料の施工

屋根からの放射熱を反射させる

輻射熱で屋根が暑くなる

屋根から室内へ放射熱が出る

遮熱シート

直射日光があたる屋根に遮熱シートや遮熱塗料を施すことで、直射日光の放射熱による倉庫内の温度上昇を抑えることができる。

シーリングファン

画像提供：株式会社プレシード

天井から風を送り込み、倉庫内の空気を効率よく循環させることができる。結露・湿気・水濡を抑制できる。

ルや商品に直射日光が当たっていないかなど、保管状況を定期的に確認する必要があります。湿度や直射日光管理はセンター内で働く従業員の雇用、定着にも影響しますので、改めて見直す必要があります。

　物流センターや工場のコンクリート床にグリーンやグレーの塗装が施されているのを見たことはないでしょうか。これは防塵塗装といって、床面に特殊な塗装を施すことで塵やほこりが舞い上がるのを防ぐことを目的としています。

　特にフォークリフトや人が頻繁に行き交う現場では、塵やほこりが舞うだけでなく、コンクリート床が摩耗する可能性もあります。

●防塵塗装加工によるメリット

　防塵塗装を行うことで、コンクリート床の塵やほこりが飛散するのを防ぐことができます。庫内で取り扱っている商品に塵やほこりが付着しないようにすることには、衛生面、安全面を担保すること以外にも次のメリットがあります。

床の劣化防止：フォークリフトの走行や操作時に床を傷つけてしまうことによって段差が生じることを防ぐ。段差による搬送時の荷崩れを防止することができる。

清掃面の向上：床に液体をこぼした際の浸透を防ぐことができる。

働く環境の整備：塵やほこりが舞い上がらなくなることで、作業者の健康を守ることにもつながる。

●クッションフロアの特徴について

　クッションフロアとは、塩化ビニール系の素材で作られたクッション性のある床材のことを指します。表面の耐久性が高く、傷や摩擦に対して強

防塵塗装のイメージ

PIXTA

度があり、庫内の床の劣化を防ぐことができます。しかし、通気性はよく
ないため、カビが発生する可能性があります。湿度の高い場所での使用を
避けるといった注意が必要です。

コラム4 「ユニック車」とは？

　トラックは2トン、4トン、10トン車といった、車両の積載重量に応じた車種や、冷蔵・冷凍車といった温度管理品を輸送する際の車種、さらには荷台部分が羽のように開くウイング車や、荷台に屋根がない平ボディ車と呼ばれる車種など、取り扱う貨物の特性に応じて多岐にわたります。

　トラックの種類の1つに「ユニック車」という車両があるのをご存じでしょうか。トラックの荷台にクレーンが搭載されている車両のことを指します。荷降ろし設備がない場合、トラックに搭載されているクレーンを使用して荷台への積み込み・降ろし作業を行うことができます。建材などの長尺物を輸送する際に、「ユニック車」を使用することが多くあります。

　実は「ユニック車」というのは正式名称ではありません。元はクレーン搭載トラックを国内で最初に製造販売した「古河ユニック」という会社名からきています。今では、「ユニック車」といえば業界内の誰もが知っているほど一般的な名称になっています。

　※ユニックは、古河機械金属株式会社の登録商標です。

古河ユニック株式会社のクレーン搭載トラック「ユニック車」

画像提供：古河ユニック株式会社

第5章

物流センターで
使用する機材

　物流センターの中では、入荷された貨物を保管し、必要に応じて貨物を出荷する作業を行っています。それらの作業を行う際には、様々な機材が使用されています。同じような役割でも、物流センター内で取り扱う商品や取り扱い物量（アイテム数）によって、選択する機材は変わってきます。機材を使用することで、一度に多くの貨物を移動することができ、作業の効率化や品質の向上にもつながります。本章では、物流センター内でよく使用される機材についてお伝えします。

パレット

保管効率を上げるとともに、トラックへの積み込みをスムーズにするために重要な存在

物流センターにおいて、入出荷・保管効率を向上させることは、センターの収益に直結する重要な取り組みです。また、従来の「手積み・手降ろし」といった過酷な荷役作業環境を改善する１つの手段としても、荷物の運搬や保管を効率化する什器やマテハン（マテリアルハンドリング）の需要はますます高まっています。本章では、荷物の保管や搬送を効率化する什器やマテハンについて紹介していきます。

●パレットとは

一般社団法人日本パレット協会によると、パレットの定義は「１つの単位にまとめた貨物を置くための面があり、人またはフォークリフト等の専用車両により荷役、輸送、及び保管の全てが可能な構造をもつもの」とされています。パレットを活用することで、荷役・保管・輸送の効率化や、作業負荷を軽減することができます。

例えば、これまでドライバーが手積み・手降ろしでトラックに荷物を積み込んでいた場合、パレットを使用することにより、フォークリフトでの積み込みが可能になります。こうすることで、積込時間の短縮だけでなく、ドライバーの作業負荷の軽減にもつながります。

パレットは業界や商品特性などによって様々な形・サイズ・素材がありますが、ここでは代表的な平パレットについて紹介します。

●木製パレット

木製パレットは世界で最も多く使用されているパレットで、他の素材に比べて安価、積荷がすべりにくい、補修が簡単などの様々なメリットがあ

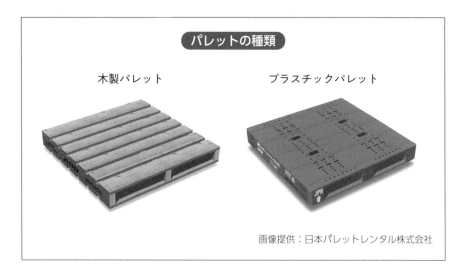

パレットの種類

木製パレット　　　　　　　　プラスチックパレット

画像提供：日本パレットレンタル株式会社

ります。また、高温・低温環境に強い、サイズのカスタム（オーダー）が可能、環境負荷が低いことなどもあげられます。

　ただし、水に弱く腐食しやすい素材であるため、次に紹介するプラスチックパレットより耐用年数が低いのが難点です。木製パレットは紙製品を扱う企業が使用することが多いようです。

●プラスチックパレット

　強度や耐水性に優れ、かつ軽量であり、何度も使いまわしができるのがプラスチックパレットです。JIS規格では1,100mm×1,100mm×144mmのT11型パレットが標準サイズとされ、日本でも多くの物流センターで採用されています。

　プラスチックパレットは洗浄して繰り返し使用できるため衛生的で、長期間使用できるというメリットがあります。一方、破損すると修理がしづらいことと、あらかじめ金型が決まっているためオーダーメイドで製造する場合は高額な初期費用が必要となるといったデメリットもあります。プラスチックパレットは食品や化粧品など、幅広い業界業種で利用されています。

2 ネスティングラック、パレットラック

高さを有効活用する際に必要な什器。保管する商品の特徴によって適したものを選択

　前項で紹介したパレットと一緒に使用することで保管効率の向上が期待できるのが、ネスティングラックやパレットラックと呼ばれる保管棚です。以下では、それぞれの特徴や違いについて紹介します。

●ネスティングラック

　ネスティングラックとは、パレットを保管できる移動式の棚のことで、正ネスティングラックと逆ネスティングラックの2種類があります。

　正ネスティングラックは荷物を置く格子状の面が下部にあるタイプのネスティングラックです。下部の格子状の面の下にフォークリフトの爪を差し込むことで、パレットとネスティングラックをそのまま移動させることができます。レイアウトを自由に変更できるメリットがある一方、1台につき1枚のパレットしか保管できないため、保管効率はそれほど高くないというデメリットがあります。

　一方、逆ネスティングラックは荷物を置く格子状の面が上部にあるタイプで、1台でパレット2段を保管することができます（1段目は地面に直置き、2段目は格子状の面に積む）。天井が低い倉庫では、1段目のパレットを直置きする逆ネスティングラックのほうが適しています。ただし、安全性や耐荷重の観点から、2段目に重量物を保管することはできません。そもそも、ネスティングラック1段に載せられる重量の目安は1,000kg程度と、重量物の保管には向きません。

●パレットラック

　パレットラックは、パレットを保管できる固定式の棚を指します。ネス

什器の種類

正ネスティングラック　　逆ネスティングラック　　　　パレットラック

画像提供：岡田工業株式会社　　　　画像提供：三進金属工業株式会社

ティングラックと比較して３つの特徴があります。

　まず、重量物を保管できるという点です。ネスティングラックの耐荷重が1,000kg程度なのに対し、パレットラックは商品によっては１段あたり3,500kgまで載せることができるため、重量物の保管にはパレットラックのほうが向いていると言えます。

　次に、庫内に合わせた柔軟な利用が可能な点です。ネスティングラックは天井の高い物流センターでの利用が前提となっているのに対し、パレットラックは高さを自社の物流センターに合わせてカスタマイズすることができ、利便性が高い什器でもあります。庫内の高さに応じた設置ができるため、天井の低い物流センターでも利用しやすいのが特徴です。レイアウトの頻繁な変更がない場合は、パレットラックが適しています。ただし、パレットラックは固定式の棚であるため、設置時に床面にアンカーを打つ工事費用や、原状回復時はアンカーの撤去などの費用が必要になります。

　かご車や6輪台車と呼ばれる台車は、小売業の物流センターでよく利用されています。ピッキング時の荷役台としての役割のほか、搬送、保管にも使用できるなど汎用性が高く、物流センターにあると便利なアイテムです。いずれもピッキングから納品まで共通して使えるため、積み替えの手間がなくドライバーの負担軽減にもつながります。

○かご車

　かご車は、カーゴテナー、ロールボックスパレットなどとも呼ばれ、側面が格子状の柵に囲まれた車輪付きの運搬台車を指します。かご車は側面に柵があるため、商品を高く積んでも荷崩れしないという特徴があります。そのため、重量物をピッキングする台車として、また搬送台車として特に活躍します。底面を上げれば重ねてコンパクトに保管できる点もメリットの1つです。

○6輪台車

　6輪台車とは、天秤台車、カートラックとも呼ばれ、6つの車輪がついた細長い形状の台車です。細長い形状のため、幅が狭い通路でも使用することができます。また、かご車は開口部が1面だけですが、6輪台車は両面から荷物の積み込みや取り出しが可能なため、作業性が高いという特徴があります。使わない時には、かご車同様、コンパクトにたためるため、保管スペースを取りません。そのスリムなフォルムを活かして、物流センターの保管棚の隙間に6輪台車を置き、サイズの小さい商品の保管間口にすることもできます。

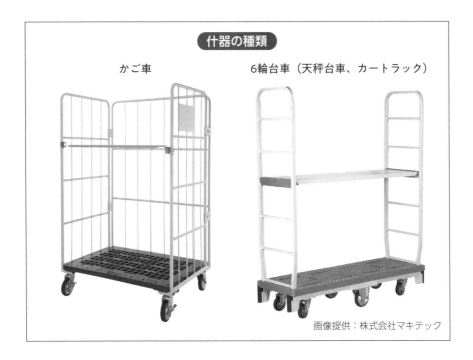

什器の種類

かご車　　　　　　6輪台車（天秤台車、カートラック）

画像提供：株式会社マキテック

　このように、かご車や 6 輪台車は物流センターの作業効率を高めること
ができるだけでなく、ピッキングした商品をそのままトラックに積み込ん
で店舗に納品することで、配送時間の短縮およびドライバーの作業負荷軽
減に貢献することができます。実際、スーパーなどの小売業ではかご車納
品が普及しています。

　ただし、店舗納品までこれらの搬送什器を一貫して使用する場合は、パ
ワーゲート車と呼ばれる、荷台後部に昇降機がついたトラックを使用する
必要があり、車両購入などの初期費用がかかります。また、かご車・6 輪
台車での納品は納品先の環境に左右されるため、納品先との交渉・調整が
必要です。これらの投資や各種調整をふまえ、利用の判断をします。

番重・ドーリー

4

単体ではなく、組み合わせて使用することで、効率性がアップする什器

食品を扱う物流センターでは、「番重」と呼ばれる薄型のプラスチックコンテナや、「ドーリー」と呼ばれる小型台車が使われています。ここではその機能と特徴について紹介します。

○番重

番重とは、食品の輸送に使用される薄型のプラスチックコンテナです。番重は積み重ねても中の食品にあたらないように設計されていて、数枚重ねて効率よく運搬することができます。また、繰り返し使用することができ、資材ゴミを出さないため、環境に負荷をかけないという側面もあります。ただし、衛生上の観点から使用後は毎回洗浄する必要があります。

番重は、搬送効率の観点から一般的に食品のカテゴリー別に規格が統一されていますが（スーパーであれば、洋日配と和日配、菓子など）、特定のメーカーでは自社独自の番重を使用している場合もあります。

○ドーリー

ドーリーとは、持ち手のない車輪が付いた台車のことで、通常の台車より小さく、旋回しやすいため、狭い場所での運搬に向いています。運搬する時は、ドーリーに載せた荷物を押したり引いたりして動かします。不使用時は積み重ねることもできるため、保管スペースを取りません。形やサイズは様々あり、荷物のサイズに合わせて選ぶことができます。

ドーリーには番重はもちろん、折りたたみコンテナや段ボールを載せて運搬することもできます。

什器の種類

番重

ドーリー

番重とドーリーの組み合わせ使用例

画像提供：三甲株式会社

食品等を入れた番重は、ドーリーに複数枚載せて搬送することができます。このように組み合わせて使用することで、番重を1つずつ運ぶことなく、一度に複数枚の番重を運ぶことが可能となります。什器は組み合わせて使用することで、より効果を発揮します。

フォークリフト、ハンドリフト

5

一度に大量の荷物を運ぶ際に便利な「リフト」。
フォークリフトには、免許が必要なタイプと免許
がなくても使用できるタイプがある

物流センターでは、「フォーク」と呼ばれる荷役用の昇降可能な爪が付いた荷役自動車（フォークリフト）を用いて荷物の運搬を行っています。フォークリフトは庫内の運搬を効率化するだけでなく、トラックへのパレットの積み込みや荷降ろしにも活用されており、ドライバーの作業負荷の軽減にも効果があります。代表的な3種類のフォークリフトを紹介します。

●カウンター式フォークリフト

前面についた長めのフォーク（「爪」とも呼ぶ）と車体の安定性が特徴で、重量物を素早く、安全に運搬することができます。屋内・屋外どちらでも使用が可能ですが、車体が大きいため庫内ではフォークリフトが通行する十分なスペースを確保する必要があります。フォークマン（フォークリフトを運転する人）は座って運転します。

●リーチ式フォークリフト

庫内専用のフォークリフトで、カウンター式フォークリフトに比べると小回りが利き、狭い場所での荷役に適しています。またマスト（フォークを上下させるためのレールの役割を担う）を高く昇降できるため、庫内でパレットを棚入れする際にも使用されます。フォークマンは立って運転します。

●ハンドリフト（パレットトラック）

前述の2つのフォークリフトを操作するには免許が必要であるのに対し、免許不要で手軽に操作できるのがハンドリフトです。人材不足の中、幅広い人材に活躍してもらうためにも必要な機器となっています。

リフトの種類

カウンター式フォークリフト

リーチ式フォークリフト

画像提供：コマツ

ハンドリフト（パレットトラック）

画像提供：株式会社スギヤス

折りたたみコンテナ

6

使用する時に開き、使用しない時には折りたたむ
ことができるプラスチックタイプのコンテナ

折りたたみコンテナとは、折りたたみ式のプラスチック製の保管容器で、通称「オリコン」と呼ばれるものです（以下、オリコン）。使わない時は折りたたんだ状態で積み重ねて保管でき、使用する際には組み立てて使います。オリコンには様々なサイズ・形・機能があります。共通する特徴としては、以下のような点があげられます。

●強度・耐久性

通常、オリコンはプラスチック製であるため、段ボールなどの物流資材に比較すると、強度・耐久性・耐水性に優れています。そのため、商品破損を抑制し、高い品質を維持することができます。蓋つきのオリコン（サンクレットオリコン）を活用すれば、より一層、商品の品質保持につながります。

●再利用

何度も繰り返し使えるため、長期的に見るとコスト抑制につながります。また、段ボールを利用する場合は廃棄物（使用後の段ボール）が発生しますが、オリコンなら発生しないため、環境への負担を軽減することができます。ただし、オリコンの回収や洗浄などのメンテナンス費用が発生する点には注意が必要です。

●保管スペースの確保

オリコンは、不使用時は折りたたんで保管することができますが、段ボールと比較すると厚みがあるため保管スペースを確保する必要があります。

折りたたみコンテナの種類

通常オリコン

サンクレットオリコン（蓋つき・側面透明タイプ）

画像提供：三甲株式会社

　決められた場所への納品が一定頻度で発生する小売店向けの配送の場合、オリコンが使用されます。オリコンの納品時に空オリコンを回収することで、オリコンが滞留しないようにしています。

中軽量棚

重量物ではなく、軽量の荷物を保管するのに適している棚。作業特性ごとに棚の種類がある

　1段あたりの保管重量がおよそ500kg以下の保管棚を「中軽量棚」と呼びます（84ページで紹介したパレットラックは1段あたり1,000kg以上保管できるため「重量棚」に該当）。中軽量棚も用途によって様々な種類があり、ここでは「流動ラック」と「シェルフラック」の2種類を紹介します。

○流動ラック

　保管物を置く台に背面から前面にかけて傾斜がついている棚を流動ラック（または傾斜式流動棚）と言い、補充の効率化に役立ちます。例えば棚の背面から商品を補充すると、底面の傾斜によって重力で自動的に前面に移動するため、手で商品を押し込む必要がなく、補充の時間を短縮することができます。身近な例では、コンビニエンスストアの店舗のドリンク棚にも、流動ラックが活用されています。先入れ先出し（保管期限の短い商品から先に出荷する）を徹底する必要がある食品や、在庫回転が早い商品の補充効率を高める際などに活用されています。

○シェルフラック

　棚の両面から保管物を取り出せる構造になっているスチール製の棚をシェルフラックと言い、一般的に中軽量棚というとシェルフラックを指します。組立式であるため、棚の増設や解体、移動が可能というメリットがあります。レイアウトの変更にも対応しやすく利便性が高いため、多くの物流センターで活用されています。また、保管物の形状に応じて棚の高さを柔軟に変更することができるため、保管効率を高めることができます。

ラックの種類

流動ラック

シェルフラック

画像提供：三進金属工業株式会社

ハンディターミナル

8

物流センターの作業品質向上のためには欠かせない什器。小型タイプやスマートフォンタイプなど種類は多岐にわたる

物流センターでは日々、多くの商品を取り扱っています。物流センターで取り扱っている数多くの商品の管理を効率化するのが、ハンディターミナルと呼ばれる片手で持ち運べるサイズのモバイル端末です。ハンディターミナルは商品によって様々な機能を持ちますが、物流センターでは次のような場面で活用されています。

●ピッキング

ハンディターミナルはWMSなどの倉庫管理システムと連動しているため、ピッキングでの誤出荷の防止に役立ちます。例えば、作業者がピッキング時に間違った商品のバーコードをスキャンすると、システムと連携してアラートを表示させることができます。

●検品

ハンディターミナルの活用で、入出荷検品の精度とスピードを向上させることができます。例えば入荷検品の場合、商品をハンディターミナルでスキャンし、数量を入力すると、倉庫管理システム等にデータが送信され、入荷の実績入力が完了します。従来、目視検品と紙で対応していた入荷検品が、ハンディターミナルを活用することで1つの作業に完結できるため、作業の効率化につながります。

また、検品終了後、入荷商品の格納先のロケーション番号などが記載されたラベルも発行することができ、棚入れの正確性を向上させることも可能になります。

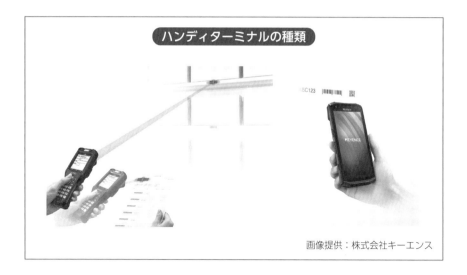

ハンディターミナルの種類

画像提供：株式会社キーエンス

○進捗管理

　ピッキングの際に商品のバーコードをスキャンすると、ピッキング実績が倉庫管理システムに送信されます。現場責任者はシステムに送信された実績データから抽出されるリアルタイムの作業進捗を確認しながら、時間通りに出荷が終えられる人員配置を考えることができます。

　このように、ハンディターミナルは、物流センターでの効率化を考えるうえで非常に重要な役割を果たしています。機能や形態も様々で、キーボードが搭載されているもの、スマートフォンのような見た目のものなどがあります。商品の特性や作業環境などを踏まえて、自社に合う機能を備えたハンディターミナルを選ぶ必要があります。

コラム5 物流センターと物流倉庫の違い

　「物流センター」と「物流倉庫」はどちらも商品を保管する施設ですが、その目的や機能には違いがあります。

　物流センターは、商品の入荷から出荷までの一連の業務を行う施設として位置づけられています。「入荷・保管・ピッキング・流通加工・検品・梱包・出荷」の機能を備え、「必要な時に必要な数の商品を届けるための拠点」としての役割を担っています。

　一方、物流倉庫は商品の保管をメインとする施設となります。商品が入荷してから出荷されるまでの間、品質を維持したまま保管する役割を担っています。

　物流センターは「出荷」に重点を置いており、物流倉庫は「保管」に重点を置いている点が両者の大きな違いです。

　物流センターと物流倉庫の特徴が異なることによって、設備やレイアウトにも若干の違いがあります。

　昨今では物流センター機能を一部担う物流倉庫も登場しており、定義が曖昧になっている面もありますが、それぞれの機能や役割を理解しておくことは、物流業務を進めるうえで重要なポイントとなります。

項目	物流センター	物流倉庫
役割	商品の流通をスムーズかつ効率的に行う	商品を保管する
機能	入荷・保管・ピッキング・流通加工・検品・梱包・出荷	保管
設備	自動倉庫やピッキングロボットなど	商品の種類や保管方法に合わせた設備
レイアウト	入荷・保管・出荷を効率的に行うレイアウト	商品の種類や保管方法に合わせたレイアウト

第**6**章

物流センターの
自動化設備

　第5章で、物流センター内で使用する機材についてお伝えしました。続いて本章では、物流センターの業務全体を効率化するための自動化設備に関する内容をお伝えします。どの業界も人手不足と言われている中、物流センターで働く作業員の確保が年々厳しくなっているのが実態です。人手に依存した運営を継続すると、人手不足や人口減少の影響で、将来的に物流センターの運営に必要な人員が確保できなくなる恐れがあります。人手不足の解消だけでなく、安定した生産性や品質を担保するためにも、自動化設備の導入が求められています。本章では、物流業界が抱える課題解決の一助となる自動化設備についてお伝えします。

AGV・AMR

1 人が歩行して作業をするのではなく、ロボットが
作業の一部を担い、作業者の負荷軽減、省人化を
実現

　近年、少子化や労働人口の減少に伴い、物流業界でも人手不足が顕著になっています。そうした社会事情を見据え、物流センターでは省人化・効率化を実現する自動化設備の開発・普及が急速に進んでいます。本項では、物流センターの自動化設備を紹介します。

○AGV(Automatic Guided Vehicle)

　AGVとは所定の場所から目的地まで荷物を自動で搬送するロボットのことで、無人搬送車とも呼ばれています。走行時は地面に設置された磁気テープを読み取り、あらかじめ設定されたルートのみを走行します。そのため、レイアウトの変更の少ない工場や物流センターなどで導入されています。

　AGVには物流センターの環境や運搬物によって様々な種類があり、積載型（AGVの台車に荷物を載せて運搬する）、牽引型（パレットやかご車などを牽引して運搬する）、低床型（運搬物の下に潜り込み持ち上げて運搬する）などがあります。

○AGV導入のメリット

　メリットは、作業負荷の軽減と庫内作業を効率化できる点です。特に、重量物の搬送は身体的負担が大きく、フォークリフトで搬送する必要があるなど、手間のかかる作業でした。しかしAGVは重量物の搬送にも活用できるため、作業者の負担が軽減され、それまで搬送に使っていた時間を他の業務に充てることができるようになります。

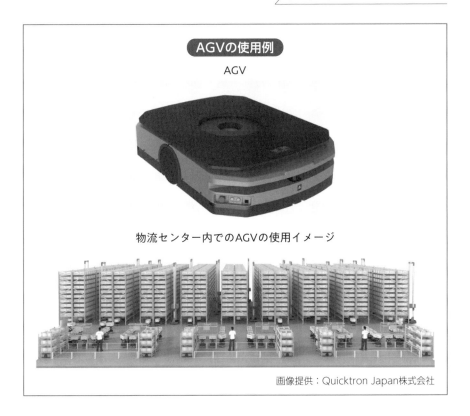

AGVの使用例

AGV

物流センター内でのAGVの使用イメージ

画像提供：Quicktron Japan株式会社

●AGV導入にあたっての注意点

　AGVは自力でルートを変更できないことから、人との衝突事故を避けるため、AGVが稼働するエリアと人が作業するエリアを分ける必要があります（AI搭載のAGVの場合は人との接触を回避する機能を持ちます）。

　AGVを導入するには、磁気テープの整備、AGV専用エリアの確保など環境整備にコストと時間が必要です。

　AGVの中には、出荷する商品が入った棚そのものをピッカーのもとに搬送する「自動棚搬送機（GTP: Goods To Person）」と呼ばれるものもあります。この自動棚搬送機によって、ピッカーは運ばれてきた棚から必要な商品を取り出すだけになり、ピッキングの時間は大幅に削減されます。

○AMR(Autonomous Mobile Robot)

AMRとは自律走行搬送ロボットのことで、ピッカーがピッキングした商品を次のロケーションまで自動的に搬送し、リレー方式で出荷する荷物を完成させることができます。AMRには次のようなメリットがあります。

①柔軟なルート走行が可能

AGVと異なり、AMRは搭載されたセンサーによって周囲の環境と自己位置を把握し、最適なルートを自動探索・走行することができます。そのため、人や他のロボットとの衝突を避けたり、レイアウトの変更にも柔軟に対応することができます。

②人との協働が可能

自律走行が可能なため、人との衝突を自動的に避けることができます。作業者と同じエリアでも稼働できるため、導入にあたって新たなスペースを確保する必要がなく、導入しやすいという特徴があります。

③環境整備が不要

AMRは磁気テープの設置などの環境整備が不要なため、既存の環境に導入しやすいという特徴があります。

AGVやAMRなどの自動搬送ロボットは、多額の初期投資がかかる点で共通のデメリットがありますが、大規模な物流センターほど搬送の自動化によって得られる恩恵は大きいと言えるでしょう。

AMRの使用例

AMR

AMR のサイズとスペックの一例

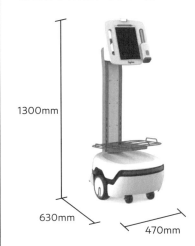

1300mm

630mm

470mm

スペック		
↔ 最大積載量		**50**kg
⏱ 最大速度		**2.0**m/s
⏰ 連続稼働時間		**12**h
◎ 充電時間	引き出し式 電池交換	**3**h
🛏 最小通路幅		**80**cm

対応可能な現場条件
200 坪以上のピッキングスペース
ピッキング人数が **6** 名以上
75L オリコンに収まる物を扱っている

画像提供：シリウスジャパン株式会社

2 画像検品

目視では見落としがち、かつ属人的な作業になりがちな作業を「画像検品」により、一定のルールに基づいた検品を実現

検品は物流品質を維持するために重要な工程ですが、人の手で行う以上、検品ミスはどうしても発生してしまいます。そうした課題を解決する手段として、AIによる画像認識で検品を行うサービスが誕生しています。

本項では、そうした新技術の1つである、画像検品について紹介します。

○AI画像検品の仕組み

出荷される商品をカメラで撮影すると、AIが商品の名称や数量、製造日などの情報を読み取ります。AIで読み取った情報はシステム画面に表示され、担当者はコンピューターの画面上で検品結果を確認することができます。検品結果は倉庫管理システムと連携して自動的に入力され、検品業務が完了します。この方法では人為的な記入ミスなどが発生しないため、入出荷の効率化や検品精度の向上が期待できます（Automagi株式会社が提供する画像・映像解析AIより）。

ただしこうしたAI技術を活用する場合、以下の点に注意が必要です。

①AIは完璧ではない

画像認識AIの精度は100%ではないため、最終的には人による確認が必要です。検品業務の完全な自動化ではなく、検品業務の負担軽減のためと認識するのがよいでしょう。

②撮影環境を統一する

AIが商品を認識しやすいよう、撮影環境を情報学習時の環境（背景・明るさ・撮影角度・対象物までの距離など）と似た環境に整える必要があります。

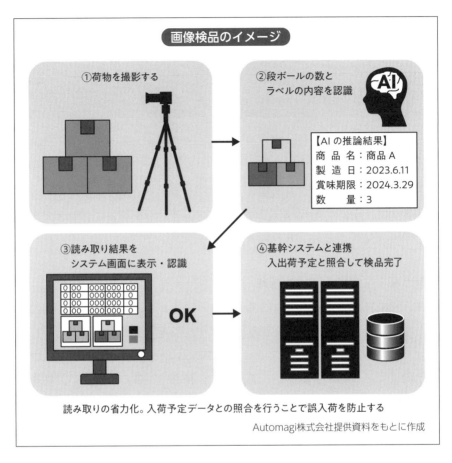

画像検品のイメージ

① 荷物を撮影する

② 段ボールの数と
ラベルの内容を認識

【AIの推論結果】
商 品 名：商品A
製 造 日：2023.6.11
賞味期限：2024.3.29
数 　 量：3

③ 読み取り結果を
システム画面に表示・認識

OK

④ 基幹システムと連携
入出荷予定と照合して検品完了

読み取りの省力化。入荷予定データとの照合を行うことで誤入荷を防止する

Automagi株式会社提供資料をもとに作成

③類似商品の認識

　AIの特性上、類似商品を見分けることが難しいため、画像検品が可能な商品は、特徴の違いが明確な商品となります。特徴が似通っていて判別が難しい商品には、バーコードが記載されたラベルを貼り付けるなどの対策が必要です。

　以上の注意点はあるものの、新たな技術をうまく活用することで、検品業務を効率化・精度向上することができます。

ソーター

3

自動仕分けを行う機械。方面別に荷物を仕分けする際に便利

　ソーターとは自動仕分け機のことで、ピッカーがピッキングした商品を納品先別に仕分けする機械を指します。ソーターは、物量が多い大規模物流センターや路線事業者の貨物ターミナルなどで導入されることが多く、物流センターの効率化に役立つ設備の１つです。一般的に、ソーターには以下のようなメリット・デメリットがあります。

●メリット① 仕分けミスの削減

　ソーターは設置された画像認識センサーによって、コンベア上の荷物に貼り付けられたバーコードを読み取ります。読み取り後、バーコードに紐づけられた納品先・行先別のレーンに自動的に仕分けされるため、人為的な仕分けミスを防止することができます。検品も不要になるため、作業時間を短縮できるだけでなく、誤出荷の防止という物流品質も向上させることができます。

●メリット② 仕分けスピードの向上

　人手で仕分け作業を行う場合と比較すると、ソーターでの仕分け作業は圧倒的に早く、生産性が高まります。実際、ソーターを導入しているある物流センターでは、導入していないセンターに比べて仕分けの生産性が20％程度高くなったという事例もあります。日々大量の商品を仕分けする必要のあるEC物流センターやCVS（コンビニエンスストア）共配センターなどは、ソーター導入による恩恵を享受しやすいと言えます。

画像提供：株式会社ダイフク

●デメリット① トラブルへの対処

　一方で、ソーターはシステム不調などのイレギュラーな事態への対応力が弱いという特徴があります。システムの不具合が発生すると、ソーター全体が停止する恐れがあります。こうしたトラブルが常態的に発生していると、物流センターの生産性が下がる可能性があります。

●デメリット② 商品破損の可能性

　ソーターは高速で仕分けを行うため、仕分けした商品同士の接触による商品破損が発生するリスクが高くなります。ソーターを使用する場合は、商品を強度の高い折りたたみコンテナに入れるなど、破損を防ぐ取り組みが必要です。

　第5章で、物流センターの荷役・運搬を担う輸送機器としてフォークリフトを紹介しましたが、無人で走行可能なフォークリフトを「自動フォークリフト（AGF：Automated Guided Forklift）」と言います。

　自動フォークリフトには「レーザー誘導式」（車体上部のレーザースキャナと倉庫壁面に設置された反射板を利用して走行する）と「磁気誘導式」（床面に埋め込まれた磁気棒に沿って走行する）の2種類があります。

　自動フォークリフトは、入出庫や保管物の搬送、ピッキングなどの自動化を可能にします。導入にあたっては、以下のようなメリット・デメリットを理解しておく必要があります。

●メリット① 人手不足への対策（省人化）

　昨今の人手不足の中でも、フォークマン（フォークリフトを運転する人）の人手不足は深刻な状況です。人手不足という傾向に加え、物流業界では、パレットの積み替えなどフォークリフトを運転する以外の業務も多いため、なかなか人材が定着しないという事情もあります。そうした背景もあり、自動で走行できるフォークリフトの需要は高まっています。

●メリット② 安全性

　有人フォークリフトの場合、疲労による注意力低下などで、人との接触事故が発生することがあります。しかし自動フォークリフトの場合、プログラムによって制御されているため、そのような事故を抑制することができます。

AGF（自動フォークリフト）

画像提供：三菱ロジスネクスト株式会社

●メリット③ 作業効率化

　有人の場合は稼働時間が決められていますが、自動フォークリフトには人間のような疲労や労働時間の制限がないため、24時間稼働させることが可能です。自動倉庫などの自動化設備と合わせて運用すると、24時間稼働で作業能力を大幅に向上させることができます。

●デメリット・柔軟な対応が難しい

　自動フォークリフトがスムーズに稼働するためには、決められた位置に正確にパレットが保管されている必要があります。保管位置がずれているとフォークを差し込むことができないため、ずれを上下左右数センチ以内に抑えることが求められます。また、最大の課題は、安全を重視するために有人フォークリフトよりも作業速度が遅くなってしまうことです。

自動倉庫

5

自動で入出庫を行うことができる倉庫。フォークリフトの通路を確保する必要がなく、保管スペースを有効活用できる

　自動倉庫とは、荷物をクレーン等の搬送装置が自動で棚に運び、保管、仕分けまで行う倉庫で、物流センターの自動化設備の中でも代表的なものの1つです。自動倉庫は保管物や設置環境によって様々な種類があり、幅広いサイズの荷物を保管できるケース自動倉庫や、パレット単位の荷物を保管するパレット自動倉庫、冷凍冷蔵商品に特化した自動倉庫などがあります。いずれにも共通するメリット・デメリットとして、以下のものがあげられます。

●メリット① 入出庫の効率化

　自動倉庫はこれまで人手で担ってきた入庫・保管・出庫の作業をすべて自動で行うため、作業効率は各段に向上します。出庫ミス（商品違い）が発生しづらく、物流品質は高いレベルを維持することができます。

●メリット② 保管スペースの有効活用

　従来は、人、もしくはフォークリフトが届く高さまでしか保管することができず、倉庫の保管スペースを最大限に活用することができませんでした。自動倉庫ではそうした物理的な制限がないことから、保管スペースを最大限有効活用することができます。

●メリット③ 省人化

　自動倉庫はこれまで人の主要な役割であった入出庫業務を代替して自動化するため、人が行っていた作業工程を大幅に削減することができます。特に、労働環境の過酷さから人手が集まりにくい冷凍倉庫、危険物倉庫な

自動倉庫

自動倉庫の全体イメージ

パレット自動倉庫

画像提供：株式会社ダイフク

どでは自動倉庫を導入するメリットが高いと言えます。

　自動倉庫は倉庫管理システムと連動しているため、在庫管理精度の向上にも役立ちます。例えば、間口（126ページ参照）に保管された商品があらかじめ設定された数量より少なくなると自動的に補充がかかる仕組みもあり、在庫の過不足を防ぐことができます。

●デメリット① 高額な導入コスト

　自動倉庫を導入するには高額な初期投資が必要になるため、実際に導入するのは大企業の物流センターが多く、中小企業の物流倉庫ではまだまだ普及が進んでいないというのが実態です。

　また、円滑に機能するためには定期的なメンテナンスも必要になるため、一定のランニングコストも発生します。

●デメリット② システム障害時の対応

　自動倉庫はコンピューターで管理される倉庫のため、システムなどにトラブルが発生すると倉庫機能が停止し、復旧に時間がかかることがあります。

●デメリット③ 管理の複雑化

　自動倉庫は利便性が高い一方、管理は複雑になります。例えば普通倉庫と併用して利用する際に、普通倉庫と自動倉庫で同じ商品を保管している場合、自動倉庫には、あらかじめ保管期限の早い商品を先に出荷するような設定が必要になります。自動倉庫の導入には、倉庫システムに精通した担当者の配置が必要になります。

　労働人口の減少に伴い、倉庫作業員の人手確保が難しくなっています。このため、倉庫の省人化に向けて自動倉庫導入を検討する企業は増加すると予想されます。ただし、自動倉庫の導入には高額な初期投資が必要であることや、導入ノウハウも求められるため、物流センターの業務内容や取扱商品をふまえたうえでの検討が求められます。

ケース自動倉庫

画像提供：株式会社ダイフク

パレタイザー・デパレタイザーとは、パレットへの商品の積み付け、パレットからの荷降ろしを自動化するロボットで、パレットの活用が進んでいる物流センターで特に活用されます。

○パレタイザーとは

パレタイザーとは、パレタイズを自動化するロボットのことです。そもそもパレタイズとは、荷物をパレット単位にまとめることを指し、パレタイズすることにより、保管効率や輸送効率を向上させ、倉庫の作業効率を高めます。商品の箱サイズが一定の飲料メーカーなどではパレタイズがしやすく、パレタイザーも活躍します。パレタイザーの導入にあたっては、荷崩れしないような安定した積み方ができるかどうか、パレタイザーに合わせた庫内のレイアウト変更が可能かどうかなどを確認します。

○デパレタイザーとは

デパレタイザーはパレタイザーとは反対に、パレット単位にまとめられた商品を解体し、コンベアや所定の位置に荷降ろしをする作業を自動化するロボットです。この作業のことをデパレタイズと言います。パレットに1種類の荷物しか積み付けられていない場合と、複数種類のケースが積まれている場合で、デパレタイザーに必要となる機能が異なるため、自社の作業環境をまず整理する必要があります。

特に重量物を扱う業界では、労働環境改善や人手不足の対策として、こうしたロボットの導入が進められています。

パレタイザー

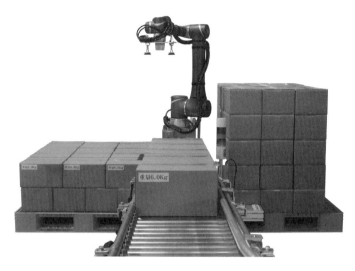

画像提供：株式会社山善

デパレタイザー

画像提供：株式会社日立オートメーション

自動ピッキング

これまでは実現が困難だったピース単位のピッキングがロボットによって実現可能に

倉庫内の作業において大きな時間を占めるピッキングについても、自動化・効率化する技術が台頭しています。ピッキングの自動化には自動倉庫型（自動倉庫によるピッキングの自動化）や棚搬送型（商品が格納された棚がピッキング作業者のもとに移動する）、ロボット型（人の代わりにロボットがピッキング）などの種類がありますが、ここではロボット型・棚搬送型の事例を紹介します。

◯ソフトロボットハンドによるピースピッキング

従来は人が行っていた、商品を1つずつ取り出すピースピッキングを行うロボットも登場しています。株式会社ブリヂストンが開発したソフトロボットハンドを使ったピースピッキングロボットシステムは、ゴムの素材を活かし、従来のロボットハンドではつかめなかった商品をつかめるようにしたものです。つかめるものが増えたことにより、自動化できるアイテムが増え、緩衝材を段ボールに詰める作業なども自動化できるようになっています。これまで自動化が難しいとされていたピースピッキングを自動化する新たなテクノロジーとして、こうしたサービスが注目を集めています。

◯棚搬送型ロボットを活用した定点ピッキング（GTP：Goods To Person）

近年、商品の入った棚がピッキング作業者のもとに移動し、ピッカーは棚からピッキングするだけという、棚搬送型ロボットによる定点型の新たなピッキング方法が出現しています（100ページ参照）。

この方法ではピッカーの作業が発生するため完全な自動化とはなりませんが、従来の人が行うピッキング方法より大幅に作業効率が向上します。

自動ピッキング機（ロボット型）

画像提供：株式会社ブリヂストン

自動ピッキング機（棚搬送型）

画像提供：Quicktron Japan株式会社

コラム6 「４３０休憩」とは
よんさんまる

　「430休憩」とは、ドライバーの連続運転時間の上限を４時間とし、「４時間連続で運転するなら30分以上休憩等を確保しなければならない」というドライバーの連続運転に関する決まりのことを指します。「30分以上の休憩」は連続して確保しなければならないものではなく、休憩時間を分割し、合計で30分以上にすることも認められています。

●2024年４月からは「休憩等」から「休憩」へ

　現行のドライバー改善基準告示における「休憩等」とは、純粋な休憩に加え、荷積み・荷降ろしなどの時間も含まれています。すなわち「非運転時間（運転をしない時間）を４時間以内または４時間経過直後に30分以上確保すれば別段問題はない」ということです。これが、2022年12月の改善基準告示改正によって「休憩等」から「休憩」となります。よって、改善基準告示改正が適応される2024年４月からは、４時間を超える連続運転をする場合、純粋な休憩時間を30分以上確保することが求められるようになります。

　物流企業およびドライバーは計画的な運行を行い、規定を順守しながら業務を遂行する必要があります。

○	４時間					30分
○	１時間20分	10分	１時間20分	10分	１時間20分	10分
×	４時間10分					30分

運転時間 □　休憩時間 ▨

出典：厚生労働省労働基準局「トラック運転者の労働時間等の改善ポイント」

第7章

物流センターの
作業の流れ

　ここまで物流センターの役割・物流センター内で使用されている設備や自動化機器などについてお伝えしてきましたが、具体的に物流センターの中ではどのようなことが行われているのでしょうか。物流センターでは入荷された貨物を保管し、指示に応じて出荷するまでの一連の流れを、いかに効率よく、素早く行うかが重要なポイントになります。本章では、物流センターで行われる作業工程に関して、工程ごとの内容および注力するポイントや、物流センターの一連の流れを阻害する要因についてお伝えします。

入荷・入庫は、物流センターの運営において最も重要な工程と言っても
過言ではありません。入荷・入庫（後述の入荷検品を含む）は物流センター
における作業のスタートと捉えられるため、入荷・入庫時の正確性・ス
ピードが後工程に影響を及ぼします。

◯入荷・入庫の違いとは？

物流には「入荷」「入庫」という単語があります。同じような意味合い
に聞こえがちですが、正確にはまったく意味の異なる単語です。

入荷：物流センターに届いた貨物を受領するところまでを指すことが一般的

入庫：貨物を決められた場所に保管し、在庫として計上するまでの一連の
　　　　流れを指していることが一般的

◯貨物の物流センター到着前の入荷事前準備

物流センターにおける入荷作業は、貨物が到着する前からスタートして
います。大半の物流センターでは事前に「いつ」「何が」「何個」「どこから」
「誰が輸送してくる」等の情報を受領しています。この情報をもとに、事
前に物流センターにおける入荷作業計画を策定しています。具体的には、
該当日に予定される入荷トラック台数を捌くためには作業員が何人・何時
間必要かを計算・確認し、準備をしています。

事前情報の収受はWMS（倉庫管理システム）を介したデータ共有、
FAX・電話等のアナログでの共有等、手法は企業によって様々な状態で行
われているのが実態です。

事前情報がなく、急遽顧客から入荷を依頼されるケースもありますが、

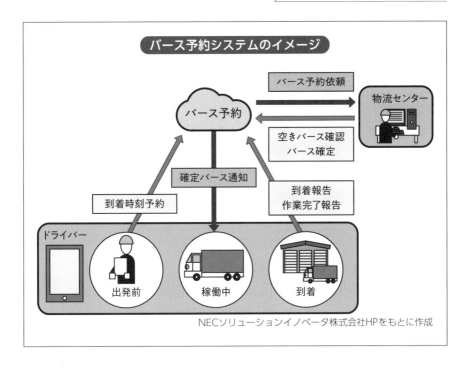

バース予約システムのイメージ

バース予約依頼

物流センター

バース予約

空きバース確認
バース確定

確定バース通知

到着報告
作業完了報告

到着時刻予約

ドライバー

出発前　　　稼働中　　　到着

NECソリューションイノベータ株式会社HPをもとに作成

こちらは契約にもとづいて条件が整理されている場合と、その時々の状況に応じて受け入れ判断がなされる場合があります。

○入荷・入庫の流れをスムーズに行う「バース予約システム」

　ここ数年、「バース予約システム」という新しいツールの利用が広まっています。「バース」は荷降ろしのためにトラックが停車する場所のことで、事前に入荷日・時間をドライバーが指定し、バースを予約するというシステムです。「バース」が混雑するとトラックが接車できず、入荷・入庫作業の遅れにつながります。また、ドライバーの待機時間が発生し、それがドライバーの時間外労働超過の一因であるとして、昨今問題になっています。その解消策の1つとして、バース予約システムの活用があります。決められた時間に物流センターに到着できることで、待機時間の抑制につながります。

物流センター側は入荷作業計画を立てやすく、このスムーズなセンター運営を目指す流れが背景にあることも、このシステムの普及を後押ししています。

〇貨物の物流センター到着後の入荷作業に使用される設備

　入荷時は多くの場合、トラックかコンテナによって物流センターに輸送されてきます。多くの物流センターでは、バースにトラック・コンテナを停車させて、必要設備を活用し、貨物の荷降ろし（後述）を実施します。荷降ろしした貨物は所定の位置まで搬送して仮置きされ、入荷検品作業へと作業工程が移行していきます。

　主な荷降ろし設備は、貨物の荷姿によって異なります。大きく分けると、パレットなどの保管機器に積載された状態、もしくは、トラックの荷台にバラ積みされた状態の2つのパターンです。

　パレットは、貨物を一定数量まとめて荷扱いするために使用する什器です。

　バラ積みの場合は、搬送・格納・保管が可能な状態にするため、パレットへ移し替える作業が発生します。その後各種設備を利用して搬送、多層階の物流センターであれば上下搬送します。

　入荷・入庫時に使用する設備の一例は以下の通りです。

フォークリフト：パレットに積載されている貨物を搬送する
ドックレベラー：車両と物流センターのプラットフォームの高低差を調整する
ドックシェルター：温度管理品・精密機器等、外気に触れてはいけない貨物を荷降ろしする際に、物流センターとトラックを密閉する

バラ積みとパレット積みのイメージ

バラ積み

パレット積み

画像提供：株式会社コクヨロジテム

検品

どの精度まで行うのか（外装検品、開梱検品）によって作業工程に影響する

○検品作業とは

　検品とは、事前情報に対し、貨物の品目・数量に間違いがないかという実績情報や、破損・汚損等貨物の状態を確認し、受領・未受領を明確にするために行う行為のことです。入荷時における検品作業は、前述の入荷作業と合わせて非常に重要な工程です。数量１つ間違うだけで、後工程の作業が混乱・停止してしまうリスクがあります。入荷検品に遅延が発生すると、貨物が出荷できないというケースも想定されます。

○検品作業の必要性

　検品作業とは、入荷の場合、物流センターに何が何個入荷されたのかを確定させることを指し、主な目的は次の２点です。

①何が何個、入荷されたかという実績を確認し、内容を照合するため

②貨物の管理責任区分を明確にするため

　１つ目の「実績確認」とは、発注、あるいは事前情報に基づいて、入荷品目・数量に差異がないかを確認します。出荷可能数を確認したり、資産管理したりする際に重要な要素となります。

　２つ目の「貨物の管理責任区分」とは、物流センターに貨物が入荷されるタイミングで貨物の管理責任が物流センター側に移譲することと関係します。責任移譲前に検品を行うことで、正常な状態の貨物のみ受け取り、事前情報との齟齬・汚破損等の正常ではない貨物に関しては受け取りを拒否することで、貨物管理責任を明確にする目的があります。貨物は価値のあるものなので、責任区分の明確化が不可欠です。

検品工程に使用される機器の例

HTT（ハンディターミナル）

RFID ゲート

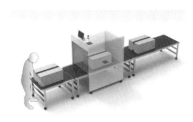

画像提供：株式会社キーエンス

画像提供：東芝テック株式会社

●検品の粒度について

検品の必要性を述べてきましたが、検品には粒度があり、貨物・企業ごとに必要とされるレベルが異なります。

外装検品：外装単位で品目・数量確認および汚破損がないかを確認する

開梱検品：外装確認および開梱し、中に入っている貨物の品目・数量の確認および汚破損を確認する

汚破損に関しては目検で行われることが多く、品目・数量確認はハンディターミナル・RFIDによるデジタル検品や目視検品が一般的です。

上記以外にも1つずつ手に取ってすべて目検品する業界等、その貨物・企業に合わせた考え方・粒度があります。すべてを細かく検品すると、後工程の作業時間が圧縮されますし、一方で検品を疎かにしてはミスの原因となり得ます。検品作業を細かく行うに越したことはありませんが、物流センター全体業務とバランス・必要性を考慮した業務設計が重要です。

保管

入荷された品目を保管間口へ格納。保管間口は出荷頻度や出荷ロットに応じて決める。基本的に保管間口の1段目はピッキング間口

保管は貨物を置いておくという工程ではなく、限られた面積・容積を最大限に有効活用したり、出荷作業をスムーズかつ効率的に進められるように準備を行ったりするための工程です。規則性なく貨物を物流センター内に置いておくことも保管とは言えますが、保管効率や保管場所・方法によってコストパフォーマンスに差が出る工程の1つです。

○保管および保管間口とは

貨物には様々な性質（サイズや荷姿・出荷傾向等）があり、適した保管方法はそれぞれ異なります。保管する必要のある貨物をよく理解し、保管を設計する必要があります。

保管間口とは、貨物を保管しておく場所のことを指します。保管間口の大きさや位置、数および保管間口の活用方法を通して、保管容積の最適化・作業への連携を図っていく必要があります。

○保管間口の設定について

どの貨物においても出荷頻度・出荷ロットに応じて、保管間口の設定が必要となります。保管間口設定の基本として、「間口の大きさ」の視点と「間口の場所」の視点があげられます。

間口の大きさ：品目あたりどれくらいの在庫を保管しておく必要があるのかという観点です。パレット単位の物量で出荷される品目と1ケースずつ出荷される品目では、保管すべき在庫量に差があるので、必要となる容積も異なります。正しい容積量を検討しておかなければ、在庫が保管できない、あるいは不要なスペースが生まれる等の非効率が生じます。

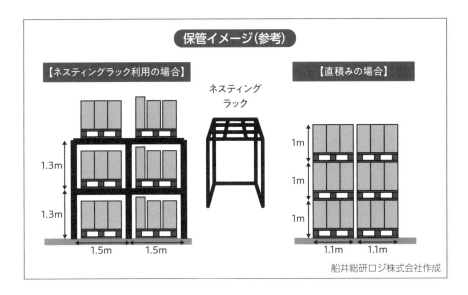

保管イメージ(参考)

【ネスティングラック利用の場合】　ネスティングラック　【直積みの場合】

1.3m
1.3m
1.5m　1.5m

1m
1m
1m
1.1m　1.1m

船井総研ロジ株式会社作成

間口の位置：次工程への動線を考えたうえで、どの品目をどの位置に配置するのかという視点です。出荷頻度が高い品目を次工程に近い位置に配置すると、動線・距離が短くなり、作業生産性が高まります（設計する際は数値による検証が必要です）。

●具体的な保管間口について

　保管間口の考え方を最大限反映するには、最適な什器の活用が必要となります。

平置き（直積み）：大ロットで保管する必要がある品目、段積みが可能な荷姿の品目、パレット単位で出荷引当がかかる品目。一番下の段を出荷する際は、上の段を降ろす手間が発生

ネスティングラック：ケース単位で出荷される品目。1段目をピッキング間口とし、上段はリザーブ間口としているケースが多い

中軽量棚：小ロット、ピース単位で出荷される品目

流動ラック：ロット管理や賞味期限管理があり、先入先出しの対応が必要となる品目

補充

4

出荷作業時に欠品が発生しないよう、ピッキング間口に補充

　補充工程は、少量単位で出荷される事業体に対応する物流センターに多く見受けられる工程です。物流センターでは、当日の出荷に必要な在庫だけでは、発注リードタイムの観点から運用が難しいのが実態です。そのため多くの物流センターでは、当日出荷に必要となる量以上の在庫を保有しています。その場合、全在庫分のスペースを1か所にまとめて作業を行うと、ムダ・非効率になってしまうことから、補充工程を用いバックヤード在庫とピッキング在庫を区分することでスムーズな運用を実現しています。

○補充とは

　「補充」とは、バックヤード在庫をピッキング在庫に移動する作業を指します。補充作業が工程として必要となる物流センターと、必要ではない物流センターがあると考えられます。

　バラおよび少量で出荷される商品の場合、在庫がすべて同じ場所に保管されていると、同商品が1か所に占めるスペースの割合が多くなってしまいます。そのため、出荷状況に応じてバックヤード在庫間口からピッキング間口へ補充を行い、必要最低限の在庫のみをピッキング間口に配置することで、全体効率を高めるのが一般的です。補充工程が増えてしまいますが、ピッキング面積の圧縮とピッキング作業の効率化に寄与することができます。

○補充方法

　補充方法には複数の手法がありますが、今回は2点に絞って記載します。
①出荷前or出荷後補充：出荷前or出荷後にバックヤード在庫からの補充を

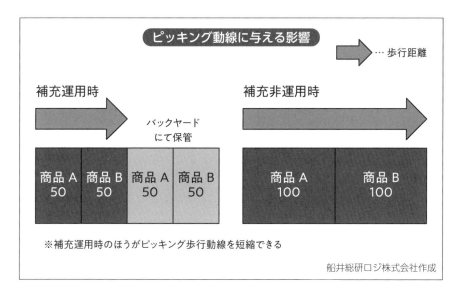

※補充運用時のほうがピッキング歩行動線を短縮できる

船井総研ロジ株式会社作成

行う方法です。基本的には翌日分の出荷指示データをもとに現状の在庫
数との差分を確認し、不足分の補充を行います。

②**補充点補充**：品目ごとに最低在庫数量を事前に設定しておき、下回った
時に補充を実施する方法です。管理・アラートが可能なWMS（倉庫管理
システム）で運用すべき方法です。商品ごとの出荷実績・傾向を分析し、
商品特性に合うピッキング間口での在庫の持ち方、間口設計を行います。

補充点補充のほうが補充回数を減らすことができますが、ピッキング間
口を広く持っておく必要があります。物流センターのスペース・生産性の
考え方に応じて、選択が異なってきます。

○補充運用を行う場合の在庫情報の管理方法

補充運用を実施する場合、同一貨物の在庫区分をバックヤード在庫・
ピッキング在庫といった形で区分することで、在庫数量を管理します。

補充時はバックヤード在庫からピッキング在庫への「移動指示」等によっ
て在庫を移動し、数量増減を管理します。バックヤード在庫に補充点の考
え方を用いて、発注タイミングを明確にする物流センターもあります。

ピッキング・出荷

5

出荷指示に応じてピッキングを行う。種まき方式、摘み取り方式がある

　ピッキングは、物流センターの出荷作業の出発点です。そのため、必然的に物流センター運営全体に与える影響も大きい工程となります。スピード・正確性の両面を最も求められる工程です。

◯ピッキングとは

　定められたルールに基づいてオーダー（出荷指示）された品目・数量を保管間口から取り、集めることを指します。しかし、日本の物流センターでは「ピッキング＝貨物を取って集める」だけでなく、所定の位置（梱包場・出荷仮置き場）まで搬送することと認識し、運用されている物流センターもあります。物流センターの設計上、工程が連動している現場もあるため、そのような区分になることもあります。これまでは作業員が人力で貨物をピッキングするのが主流でしたが、昨今では自動化・機械化の流れによってマテハンとの協同によるピッキングも取り入れられつつあります。

　ピッキングは、決められたルールに基づいたオーダーを受領することでスタートします。多くは前日の夕方や当日朝に、物流センター側に情報が共有されます。オーダー情報の収受の手法は、WMSを介したデータ共有、FAX・電話等のアナログでの共有等、企業によって様々な方法で行われています。

◯ピッキングの手段

　具体的なピッキング手段には、ハンディターミナルを用いる場合と、印刷されたリストを活用する場合があります。どちらも一長一短あるものの、総合的にハンディターミナルでの検品による正確性・生産性をメリッ

ピッキング手段のイメージ

ハンディターミナルピッキング

PIXTA

ハンディターミナル上に表示される情報をもとに貨物をピッキングし、バーコードスキャンによって内容照合するため、ミスの発生確率を抑えることができる。一方、システムダウン時には作業が滞ってしまうリスクをはらむ。

リストピッキング

PIXTA

作業員の目検に依存するため、ハンディターミナルによる作業に比べて作業員の正確性が問われ、生産性は低下する傾向にある。一方、システムダウン時のリスクはなく（パソコンでリストの印刷ができないリスクはある）、作業員さえいれば作業は可能。

トとして捉えるケースが多く、多くの物流センターで導入されています。

　ただし、バーコードがない、あるいは取り扱い品目・数量が少量の場合はハンディターミナルの導入メリットを受けられないケースもあります。

●ピッキング手法

　ピッキングの手法には、品目ごとにピッキングを行う「種まき方式」と、オーダーごとにピッキングを行う「摘み取り方式」があります。品目単位でまとめるか、オーダー単位でまとめるかは、発生する業務・品目特性に応じて設計されます。多くの物流センターで、この2つの考え方をベースにピッキング作業が設計されています。

●ピッキング手法の選択について

　上記2つの手法は、業務・品目特性次第で選択すると記載しました。種まき方式ではオーダー集約による効果がある一方、仕分け作業が発生します。摘み取り方式ではオーダー単位での作業となるため、同一品目でも都度ピッキングが必要な一方、仕分け作業は不要です。

　どちらを選択するのか、あるいはカスタマイズしてミックスするのかは「生産性」の分析をもとに決定されることが一般的です。過去の実績、あるいは将来予測をもとに分析を行うことで、各物流センターに合った、ピッキング手法を選択しています。

●出荷時の検品について

　出荷時の検品は、ピッキング時の照合を検品完了とみなす場合や、後述する梱包時に検品することで完了とする場合等、物流センターや荷主の要望によって工程が異なります。特に高単価品は各工程で都度検品を行い、トレースを取る傾向にあります。

　検品作業自体は入荷時の検品と大きくは変わらず、情報に対して照合し、差異が発生していないかを確認するものです。

ピッキング手法のイメージ

摘み取り方式
（オーダーピッキング）

出荷オーダーごとに貨物をピッキングする手法。オーダー単位でのピッキングで貨物が集約されないため、ピッキング後の後工程（検品・梱包）にそのまま引き継ぐことが可能。出荷件数ごとに「移動」「貨物を取る」行為が発生するのがデメリット。

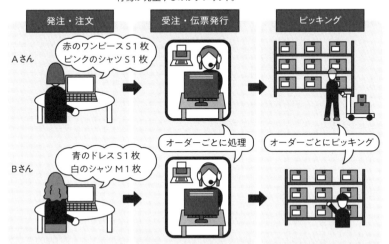

種まき方式
（トータルピッキング）

出荷データを集約し、品目単位で情報をまとめたうえでピッキングを行い、ピッキング後に仕分けることで納品先ごとにまとめる手法。同一品目に対して出荷オーダーの件数が多いほど、一度にピッキングできる量が増えるので、ピッキングに要する工数を、摘み取り方式に比べて減らすことができる。一定量単位での作業および仕分けが必要となるため、作業設計次第で工程間に歩留まりを発生させてしまう可能性があるのが難点。

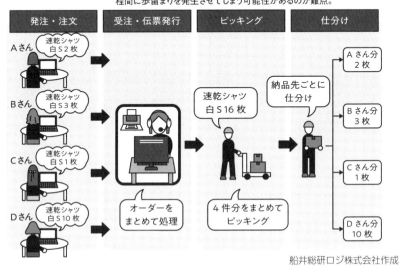

船井総研ロジ株式会社作成

梱包・荷揃え

6

ピッキングされた商品を梱包する。集荷に合わせて荷揃え（方面別、運送会社別、遠方から先に集荷に来るのに合わせて準備）を行う

　梱包・荷揃えは出荷前の最終工程です。梱包は商品形態によって実施する場合とそうでない場合、企業の顧客サービスの考え方によって作業内容が左右されることがあります。基本的にはどの物流センターでも行われる、運送会社へのスムーズな貨物の引き渡しに欠かせない工程の1つです（運送会社1社や少量出荷の物流センターではこの限りではありません）。

○梱包作業のポイント

　ピッキングした貨物を梱包箱・梱包容器に入れ封函、貨物によっては緩衝材を巻く・梱包箱に入れることによって貨物を保護するための作業のことを指します。梱包作業の重要ポイントは、主に次の2点です。
①貨物を段ボール等に入れ、緩衝材を内包することで貨物の汚破損を防止
②個口をまとめることによる配送費の抑制

　ピッキング後の貨物はいわゆる「裸」の状態となります。物流センターから最終地点（納品先）までは複数の人や機械に触れられる可能性があり、そのタッチポイントごとに、破損や汚れのリスクが潜んでいます。そのため、梱包して貨物に直接何かが触れる機会をなくすことで汚破損を防止します。

　「配送費抑制」は、同一納品先に複数商品を「宅配便」で出荷する際に有効となります。特に個人向け通販等があてはまります。宅配便は個口に対してサイズ（重量）料金が加算される仕組みです。個口を分けて発送すると割高となってしまうため、梱包し、個口をまとめることで配送費の抑制につながります。

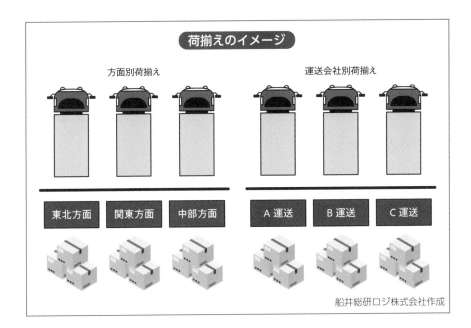

荷揃えのイメージ

方面別荷揃え　　　　　　　　　　運送会社別荷揃え

| 東北方面 | 関東方面 | 中部方面 | A運送 | B運送 | C運送 |

船井総研ロジ株式会社作成

●荷揃えのポイント

　荷揃えとは、梱包作業まで完了した貨物を、バースや仮置きスペースに出荷方面や運送会社別に整理して仮置きすることです。

　荷揃えの重要ポイントは、集荷時間の早い（遠方向けや運送会社別）貨物から準備をしておくことです。物流センターからの出荷には運送会社による集荷便を活用するケースが多く、集荷便は決められた時間に物流センターに来るため、配送先が遠方であるほど、集荷の時間は早まる傾向にあります。そのため、物流センターの運用も遠方向けの出荷貨物から先に作業が完了するように設計されていることが一般的です。

　積み込みは、物流センターから貨物が出荷される最後の工程です。積み込みもトラックや貨物の形態によって手段が異なってきます。

　また、近年はトラックの待機時間の問題が顕在化してきており、積み込みにも効率化が求められています。可能な限り短い時間で積載を終えて、物流センターからトラックを出発させる必要があります。

7 積み込み

パレット積み・バラ積み・かご車積みなど形態は
様々。積み込みを誰が行うのか（ドライバー・庫内
作業員）によって作業の設計や費用負担が変わる

◯積み込み手段について

　積み込みとはトラックやコンテナに貨物を積載することを指し、様々な方法があります。

パレット積み： 最も簡易的、かつ現在主流となりつつある積み込み形態です。貨物をパレットに積載した状態のまま、フォークリフトを活用してトラックに積み込みます。荷扱いが規格化されているため、他の方法と比較して短時間で積み込むことができ、待機時間の短縮に寄与します。

かご車積み： 車輪が付いており、側面が格子状となっている台車に貨物を載せて積み込む方法です。様々なサイズ・形状の貨物をまとめるのに適しており、作業員が車輪を滑らせながら積み込みます。

バラ積み： 貨物を1つずつ積み込む方法です。他の積み込み方法と比較してトラックの積載効率を最も高めることができる一方、積み込みの手間・負荷は大きくなります。近年は労働時間の制約や荷扱いの簡素化を重視することから、バラ積み込みでの運用は減少傾向にあります。運送会社からも敬遠される傾向にあることから、他の方法への変更が余儀なくされています。

◯積み込みを行うのは誰か

　国土交通省の定める「標準貨物自動車運送約款」では、運賃はあくまで運送の対価のみとなっています（2023年11月時点）。その解釈をあてはめると、責任区分の所在は原則「車上渡し」と捉えることができます。貨物が車上に積載された状態が、運送会社に責任区分が移譲されるということを指しています。

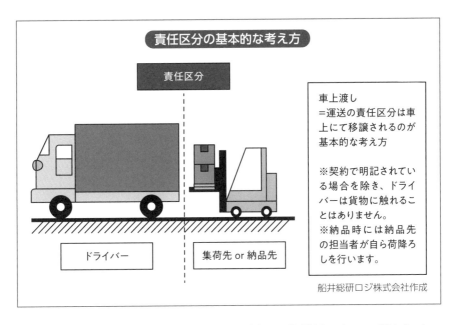

責任区分の基本的な考え方

責任区分

ドライバー

集荷先 or 納品先

車上渡し
＝運送の責任区分は車
上にて移譲されるのが
基本的な考え方

※契約で明記されてい
る場合を除き、ドライ
バーは貨物に触れるこ
とはありません。
※納品時には納品先
の担当者が自ら荷降ろ
しを行います。

船井総研ロジ株式会社作成

　そのため、積み込みは物流センターに属する作業員によって行われること
とが望ましいと言えるでしょう。ドライバーが積み込み作業を実施してい
る物流センターも見受けられますが、ドライバーが積み込み作業をするこ
とで、貨物が破損したり、作業中に設備が破損したり、人身事故が発生し
たりと、本来想定されていない事象が発生してしまうリスクが生じます。
実際に、責任（賠償）をめぐって裁判に発展したケースも確認されていま
す。

　運送契約で積み込み作業が明文化され、対価のやり取りが明確になって
いれば、この限りではありません。作業効率等の観点でドライバーが行っ
てしまうケースが多数見受けられますが、契約で定められたルールに基づ
いて作業を行うことが重要です。

棚卸

1日の業務終了後に循環棚卸や、月末、四半期、年度末のタイミングで行う棚卸で理論在庫と実在庫の確認を行う

棚卸は企業の資産管理という観点からも非常に重要な項目です。企業の考え方によって実施方法・項目は異なります。

○物流センターにおける棚卸とは

物流センターにおける棚卸とは、保管されている品目および実在庫数量と、データ・帳簿管理上での品目および理論在庫数量を照合する作業を指します。どんなに意識をして日々の作業を行っていても、数量の差異は生まれるものです。その要因として、入荷数量の間違い、出荷ミスなどが考えられます。棚卸は監査が行われる時期だけ実施する企業もあれば、循環棚卸等を定期的に行う企業もあります。一般的に、四半期、半期などのタイミングで実施する企業が多いと言えます。

○棚卸の方法（作業）

物流センターでの棚卸にはいくつかの方法があります。

リスト棚卸：印刷された在庫リストをもとに実物と照合し、品目・在庫数量を確認する方法です。目視による確認となるため、2人1組で実施し、精度を高めている物流センターもあります。

ハンディターミナル棚卸：WMSと連携したハンディターミナルを用いて、スキャン・入力によって確認する方法です。情報が直接システムに集約・連携されるため、リスト棚卸と比較し負荷を軽減することができます。

○棚卸の方法（進捗）

棚卸の実施とひと口に言っても、日々の業務と並行して行わなければな

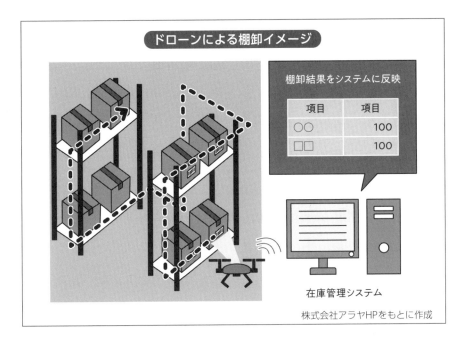

株式会社アラヤHPをもとに作成

らないため、一度で完了できる場合と、そうでない場合とがあります。

全量棚卸：物流センターで全量をまとめて棚卸する方法です。休日等を活用し、通常業務・荷動きを発生させない状況を作り出して行います。

循環棚卸：全量による棚卸が難しい場合、日々の運用と並行して進める方法です。エリアや時間帯を区切り、区分けごとに棚卸を実施していく運用となります。

　物量が多ければ多いほど、まとめて行うことが難しいため、循環棚卸を実施する物流センターが多いのが実態です。

　これまでの棚卸は地道に確認作業・集計作業を行うことが必要でしたが、近年ではRFIDによる無線通信機能を用いた棚卸や、ドローンによる棚卸等も行われています。人にかかる負荷の軽減だけでなく、精度の観点からも、デジタルによる棚卸の拡張・普及は重要なポイントの1つになっています。

前項までで物流センター内での作業工程・モノの流れの概要を説明してきました。一方で、作業工程・モノの流れはスムーズにいかないことが多く、様々な要因によってトラブル・遅延が発生しています。本項では物流センター運営の阻害原因となり得る主な要因を記載していきます。

❍ イレギュラー作業による全体への悪影響

物流センターでは、常に決められた時間軸で、日々の作業量の増減に対応しながら1日ごとに作業を完了させる必要があります。そのため、決められていない作業の発生や、顧客からのルール外の依頼はすべてイレギュラー業務に該当します。具体的にはルール外の急な入出荷の発生や締切時間を過ぎた入出荷情報の共有等があげられます。想定外の業務が発生すると、対応するための人員や時間が必要となります。物流センターは全体が計画的に設計され、運用されているという事実を認識しておく必要があります。

❍ 情報共有や締め時間遅延・漏れ

よく聞かれる阻害要因に、顧客からの情報が遅延あるいは漏れているというケースがあります。物流センターは基本的に、決められた時間に情報を受領し、作業を実施します。情報の受領タイミングをもとにすべてが設計されていると言っても過言ではありません。一方で顧客は発注をギリギリまで受け付け、セールや特売等による発注量の急激な増加等の影響で、データの締めが遅くなることがあります。物流センター側は基本的には待ちの状態にあるため、こういった事象が発生しても待つしかないのが実態で、物流センター内の作業の進行を阻害することにつながっています。

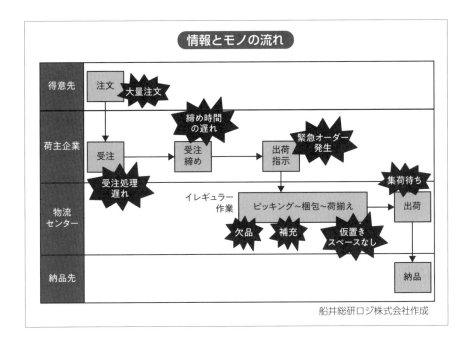

図：情報とモノの流れ

得意先：注文　大量注文

荷主企業：受注　受注締め　出荷指示　締め時間の遅れ　緊急オーダー発生

物流センター：受注処理遅れ　イレギュラー作業　ピッキング~梱包~荷揃え　集荷待ち　出荷　欠品　補充　仮置きスペースなし

納品先：納品

船井総研ロジ株式会社作成

●欠品発生による棚補充

　補充がうまく行われず出荷業務中に欠品が発生すると、出荷作業を中断し、在庫補充あるいは欠品処理について顧客と調整する作業が発生してしまいます。補充が可能であれば、当日中に解決できるものの、在庫自体がない場合は翌日以降も個別対応を継続することになります。

●仮置きスペース不足による通路狭隘

　物流センターは限られたスペースをいかに効率的に運用できるかが、コストパフォーマンスを左右します。しかし、どこまで切り詰めたとしても、必要最低限のスペース確保は重要です。特に保管・仮置きスペースはムダになりがちなので、余白をとらずに設計してしまうケースが見受けられます。あるいは、初期の設計から5年以上経過しているにもかかわらず、見直すことなくそのままの物流センターもあります。その結果、物量の増加に対応できず、通路等に貨物が置かれるようになり、作業生産性を著しく低下させてしまいます。

コラム7 禁酒法とEVシフトは関係がある!?

　現代において自動車の燃料はガソリンが主流ですが、自動車の黎明期はそうではありませんでした。

　自動車の黎明期における燃料の候補は4種類あり、1つはガソリン、2つ目はアルコール、3つ目は蒸気、4つ目は電気でした。一番有力な候補だったのは、エンジンが汚れないアルコールです。また一番不人気だったのはガソリンでした。エンジンが汚れることと、危険を伴うことがその理由です。

　ではなぜ、現代においてガソリン車が主流になったのでしょうか。当時、灯油は照明用として使用されていました。この灯油を精製する際に発生するガソリンは捨てられていましたが、フォード・モーター（フォード社）の創設者ヘンリー・フォード氏と、スタンド・オイル社を創業したジョン・ロックフェラー氏は盟友であり、それまで廃棄されていたガソリンを燃料として使用することになりました。

　またアルコールは麦やとうもろこしから容易に蒸留できるため、一部燃料として使用されていました。燃料としてのアルコールを完全に廃止するために「禁酒法」が施行されました（アルコールの製造と販売が禁止されたとも言われています）。

　このように現在の燃料＝ガソリンは簡単に決まったわけではなく、相応な時間と背景があり、EVシフトにおいても、実現可能であるものの相応な時間がかかると思われます。

第 **8** 章

よい物流センターを
見極めるポイント

　物流センターの運営にゴールはありません。常に改善を進めていくことが効率および品質を高めていくことにつながります。物流センターは多種多様な貨物を取り扱います。さらに、働く人の年齢や経験も様々です。効率を高める一方で、事故も抑制していかなければなりません。物流センターの運営をよりよいものにするには、どのような取り組みが必要でしょうか。本章では、物流センター運営においてまず見るべき視点についてお伝えします。

　区画線は物流センターを円滑に運用するために欠かせないツールの1つです。区画線があることによって、人はその線に従う傾向にあります。明確にルール化し、全作業員に区画線の運用を周知徹底することで整理整頓された現場を作り出すことができます。一方、区画線のない現場は貨物が乱雑に置かれる傾向にあり、貨物の紛失や事故発生リスク等、思わぬ不利益を被る可能性があります。

●区画線とは

　区画・エリア・用途等を明確にするために、床面に引く線を指します。

　一般的な賃貸・マルチテナントの物流センターでは、いわゆる間取りのような区分けはほとんどないため、運用に応じて区画を設計する必要があります。そのため、設計した区画を明示し、運用するために必要となる備品の1つとなります。

●区画線を引く意味

作業・在庫スペースの明確化：上にも記載の通り、物流センター内の区画を明確にし、誰でもひと目で区画が把握できるようにするために必要となります。

作業安全に対する必要性：「進入禁止」や「歩行者用通路」を明示するのも区画線の役割です。物流センターによってはフォークリフトの走行があり、作業動線が混合していることも多いのが実態です。完全分離は難しくても、最低限の区分けで事故発生を防止する必要があります。

整理整頓：区画線によって貨物の配置・仮置きを明確にする目的もありま

区画線が引かれている倉庫のイメージ

PIXTA

す。区画線があることによって角が整えられ、はみだしを抑制することが
できます（安全にも関係している）。

●区画線運用における注意点

　区画線を物流センターで使用しないという選択肢はないものの、一度引
いたものがそのまま放置されているケースは非常に多いものです。区画線
の剥がれや消失は、引かれていない状態に等しいと言えます。逐一確認し
て、定期的な修繕の仕組み化が必要となります。現場における保守点検は、
高品質な物流センターを維持するためにも必要なことです。

　また、一度引いた区画が未来永劫適切であるとは限りません。剥がれ・
消失だけでなく、区画整理の視点は、物流センター管理者が常に意識して
運営を行っていく必要があります。

2 保管方法

保管効率を向上するポイントは、限られた保管間口を有効活用できているかどうか

　物流センターは、貨物を保管するという大前提を実現しつつ、スペースを最大限に活用して、限られたスペースでより多くの貨物を保管することが求められます。そのため、貨物の性質や特徴に応じて、様々な保管方法が考えられています。モノの保管方法は物流センターごとに異なりますが、ここでは一般的な保管方法をご紹介します。

　最適な保管方法は貨物の荷姿だけでなく、出荷の傾向によっても大きく左右されます。

●貨物の性質

　荷姿がケースのままか、あるいはケースの中の内箱・バラ単位で出荷されるのかという点を指します。

　ケース単位であればまとめて保管することが望ましく、ケースの内箱・バラ単位での出荷であれば、在庫ケースを1か所にまとめておくのではなく、必要な量のみ置くことで、ピッキングしやすい保管が可能となります。

●出荷特性

　一度に大ロットで出荷されるのか、あるいは少しずつ高頻度で出荷されるのかによって、同じ品目でも適した保管方法は異なります。「一度に大ロット出荷」の場合はパレット単位等でまとめて保管しておくことで、効率的な作業が可能になります。一方、「少しずつ出荷」の場合はラック等に置いておくことで作業性を高めることができます。様々な商品を近いスペースに置くことで、移動距離を少なくできるためです。

保管に使用される什器

パレット

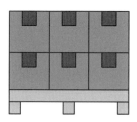

パレットに複数の貨物を載せて保管することが可能。同一品目で大ロットの定型物に関しては直接段積みし、保管することもある。

ネスティングラック・パレットラック

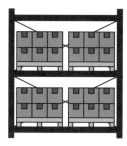

物流センターの高さを有効活用するために利用される（直置きの場合は下段の貨物を取り出すには上の貨物を移動する必要があるが、ネスティングラック・パレットラックは取りたい貨物に直接作業ができる）。

中軽量ラック

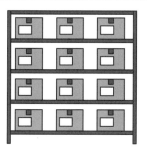

パレット単位ほどの物量がない貨物、あるいはピッキング自体が内箱・バラ単位で行われる貨物を保管するために利用される。

流動ラック

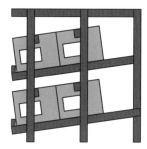

コンビニエンスストアのペットボトル飲料棚のように前から取ると自然に貨物が前にスライドしてくる保管什器。ピッキング時に先入れ先出しが必要な貨物に有効。

　物流になじみのない人からすると、「仮置き」とはあまり耳にしない単語かもしれませんが、物流業のみならず、製造業でもよく使われている単語です。物流センターにおいては、スペースの価値は高く、有限であるため、限られたスペースに対して貨物を詰めこんで使いがちです。一方で、作業性の担保も必要となります。そのための必須要素と言えるのが「仮置きスペース」です。

○仮置きスペースとは

　仮置きスペースとは、貨物を次工程に流す前にためておくスペースのことです。後工程へ流す貨物量を調整する必要がある場合に、モノをどこかに滞留させなければなりません。そのため、常時使用はされていない、貨物を一時的に置いておくことができるスペースが欠かせないのです。

○仮置きスペースの必要性について

　仮置きスペースは、主に工程間の生産性差を解消するために必要なスペースです。物流センターでは、貨物が各工程を常に流れている状態にありますが、必ずしも各工程が同じ生産性で動いているわけではありません。工程間の生産性に差が生まれると、必然的に貨物の滞留が発生してしまいます。そのため、後工程が処理する時間を考慮し、貨物を置いておくスペースを確保しておかなければなりません。

　特に入荷・出荷の前後には仮置きスペースが設置されている物流センターがほとんどです。車両1台分の量の貨物を瞬時に前後の工程（入荷：検品・格納、出荷：検品・梱包）で処理することは現実的に難しいことが

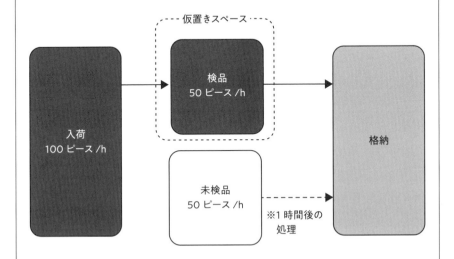

仮置きスペースの必要性イメージ図

例：入荷生産性1時間あたり100ピースの検品生産性

仮置きスペース

入荷
100 ピース /h

検品
50 ピース /h

未検品
50 ピース /h

※1 時間後の
処理

格納

上記の場合、入荷 100 ピースに対して 50 ピース分の仮置きスペースしかない。
仮置きスペースが確保できないと、未検品の 50 ピースは次の工程に流すことが
できず滞留してしまう。

船井総研ロジ株式会社作成

多く、どちらも貨物をためた状態で処理をすることになります。

　仮置きスペースがない場合にどうなるかというと、通路に貨物を置いた
り、バースに放置された状態になってしまったりと、その他の作業に悪影
響を与える可能性が生じてしまいます。

　物流センターでは、貨物を保管するスペースを確保すること、作業をス
ムーズに行うために必要なスペースを確保すること、いずれも重要な視点
となります。

消火設備

4

有事にすぐに取り出せるようにしておく。消火設備が保管物に埋もれていないか設置場所を見直すのもポイント

物流センターには可燃物（燃えやすいもの）が多く保管されています。火災発生の可能性がある作業を行う場合や可燃物を保管するにあたり、火災を起こさないよう十分に注意することがほとんどでしょう。しかし、どんなに注意していたとしても、100%火災が起こらないと断言・保証できる状況を作り出すことは難しいのが実態です。そのため、万が一に備えて、消火設備の設置が必要となります。

○消火設備設置のポイント

消火設備に関しては、法令に準じて設置する義務があります。設置後は、適切に管理しなければなりません。設備が正常かどうかの点検はもちろんですが、物流センターで悪い事例としてよく見受けられるのは、「消火設備の位置が不明」「消火設備の前に商品や備品などの障害物がある」といったものです。要するに、設置することは義務であり、それを満たしていればいいという考えの物流センターが多いということです。しかし、これではいけません。火災発生時には、消火設備を即座に使える状態であることが設置と同様に重要です。

物流センターとして、消火設備の設置に関して最低限、守らなければならないのは、以下の点です。

・誰でも、どこに消火設備があるかがひと目でわかる

（掲示物等で場所が必ず目に入る状態）

・誰でもすぐに消火設備を使用できる

（動線を確保・周辺に障害物がない・保管物に埋もれていない状態）

を確保しておくことが必須となります。

物流センターの消防用設備の一覧

消防用設備等(消防法17条)

	基準	根拠法令	補足事項
消火器	延べ面積150m²以上(地階・無窓階・3階以上の階50m²以上)	令10条	無窓階とは、建築物の地上階のうち、避難上又は消火活動上有効な開口部を有しない階。(規則第5条の2)
屋内消火栓設備	延べ面積700m²以上(地階・無窓階・4階以上の階150m²以上)	令11条	
スプリンクラー設備	ラック式倉庫天井高さ10mを超え, 延べ面積700m²以上	令12条	ラック式倉庫とは、棚又はこれに類するものを設け、昇降機により収納物の搬送を行う装置を備えた倉庫。
	11階以上の階		
屋外消火栓設備	1階・2階の床面積の合計3,000m²	令19条	
自動火災報知設備	延べ面積500m²以上(地階・無窓階・3階以上の階300m²以上)	令21条	
	11階以上の階		
消防機関へ通報する報知設備(火災通報装置)	延べ面積1,000m²以上	令23条	消防機関に常時通報可能な電話の設置等の要件を満たせば不要。
誘導標識(誘導灯)	全て(地階・無窓階・11階以上の階は誘導灯)	令26条	
消防用水	敷地面積20,000m²以上で1階・2階の床面積の合計5,000m²(耐火建築物15,000m²準耐火建築物10,000m²以上)	令27条	同一敷地内に2棟以上ある時は、1階3m以下、2階5m以下の近接対象物は1棟とみなす。
	高さ31mを超える建築物で、延べ面積25,000m²以上		
連結散水設備	地階の床面積の合計が700m²以上のもの	令28条の2	
総合操作盤	延べ面積50,000m²以上	規則12条	
	地階を除く階数が15以上で、延べ面積30,000m²以上		

出典：総務省消防庁HP

掲示物

5

出会い頭で衝突の恐れがある場所に停止マークを
付けるなど安全を意識した視覚的な表示、掲示物
があるか

物流センター内にはしかるべき場所に掲示物があります。なぜ、物流セ
ンターで掲示物が必要なのでしょうか。

多くの作業員が働いている物流センターでは、全作業員が同じルール・
基準に則って作業をしなければなりません。そのため、最初の研修だけで
なく、日頃からルールや基準を従業員に周知することが重要なポイントに
なります。掲示物は、それらを周知するための有効な手段です。「適切な
内容で適切な位置に表示されているか」は、物流センターを評価する際に
見るべきポイントでもあります。

●掲示物とは

物流センターにおける掲示物とは、不特定多数の作業員に同一の情報・
ルールを伝える役割を果たします。物流センターも通常の企業と同様に研
修等で基本的な情報・ルール等は教えますが、すべてを一度に記憶して、
実際に行動できる人はほとんどいません。そのため、掲示物を物流セン
ターのしかるべき場所に表示することで、常に作業員の目に入るように
し、情報を作業員に提供することで、業務の円滑化を図っているのです。

●掲示物の必要性

物流センターにおける掲示物の目的は、主に次の2点です。

1つ目は前述の通り、業務を円滑に進めることです。

物流センターでは、属人化がたびたび問題になります。ベテランの作業
員が一定数いることが多く、業務を自身のやりやすいようにカスタマイズ
していることがよくあります。そのため、掲示物に業務内容やルールを表

物流センターの掲示物の例

 スリップ注意
CAUTION SLIPPERY

 開閉注意
TAKE CARE WHEN
OPENING AND CLOSING

 **指差呼称
安全確認**

 安全確認
SAFETY FIRST

 ドア注意
MIND THE DOORS

 頭上注意
WATCH YOUR HEAD

 段差注意
CAUTION,UNEVEN
ACCESS/UP

 はさまれ注意
DANGER OF
BEING CAUGHT

 巻き込み注意
KEEP HANDS AWAY
FROM ROLLERS

 切断注意
CAUTION,
CUTTING SURFACE

 施錠確認
CAUTION LOCKING

 積載注意
DO NOT OVERLOAD

 昇降注意
WATCH YOUR STEP
ON STAIRS

示しておくことで勝手な変更を抑制し、全作業員が同じように作業することを促しています。

　責任者が常に現場を見ていられるのであればいいのですが、なかなか時間を取ることも難しいため、掲示物は欠かせないツールです。

　2つ目は事故防止です。

　物流センターではフォークリフトと作業員の作業エリアが交わってしまったり、死角が生まれてしまったり、作業を行う上での事故発生ポイントを完全に排除することが難しいのが実情です。そのため、排除できない事故発生ポイントに対しては、あらかじめ掲示物で視覚的に注意を促すことで事故防止に努めています。

　作業中は業務に追われて周りが見えなくなってしまう作業員も多くいます。そういった環境でも必ず確認できるように、掲示物を表示しておくことが重要です。

防火シャッター

火災時の被害を最小限に抑えるもの。シャッターの下にモノが置かれていたことで、火災の被害が広がったケースがよくある

　物流センターでは火災が発生してしまう可能性を秘めています。実際に大規模物流センターで火災が発生し、建屋・保管貨物に延焼してしまい、数十億円もの多額の損出が発生した事例もあります。防火シャッターで火災自体を100%予防することは難しいですが、影響を最低限に抑えるための設備として、物流センターに欠かせない設備になっています。

◯防火シャッターの必要性

　防火シャッターは火災発生時に炎や煙を遮断するためのシャッターで、区画を封鎖するために設置されています。機能・役割は、学校や商業施設等に設置されているものと変わりません。

　物流センターでは作業員が多く働いているのはもちろんのこと、資産とも捉えられる貨物も多く保管されています。火災発生を予防しつつ、延焼を最小限に抑えることが極めて重要です。そのため、区画を4方向、常時区切ることができない物流センターにおいては、防火シャッターの設置は必要となります。

　また、現在では建屋の構造体やスプリンクラー設置の有無によって対象面積(右表参照)は変わりますが、物流センター内で防火区画を設置しなければならないことが、建築基準法によって定められています。常時通行が必要となる物流センターでは、火災時に区画を作り出すという観点からも、防火シャッターは設置が必須の機能と言えます。

◯防火シャッター活用の注意点

　防火シャッター本来の機能を発揮するために、注意しなければならない

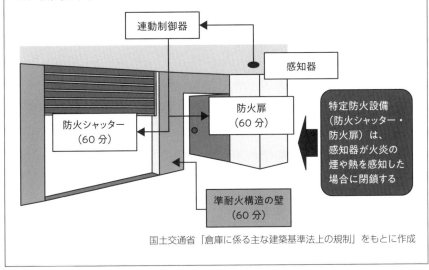

防火区画の考え方

主要構造部※1 の構造	区画すべき面積		防火区画の方法	
	SP※4なし	SPあり	床・壁	開口部
耐火構造	1,500m²ごと	3,000m²ごと	準耐火構造（60分）	特定防火設備（60分）
準耐火構造（60分）など※2	1,000m²ごと	2,000m²ごと		
準耐火構造（45分）など※3	500m²ごと	1,000m²ごと		

※1：柱、はり、壁、床、屋根及び階段
※2：柱及びはりを不燃材料とするなどの一定の基準を満たす建築物
※3：外壁を耐火構造とするなどの一定の基準を満たす建築物
※4：スプリンクラー

連動制御器　感知器　防火扉（60分）　防火シャッター（60分）　準耐火構造の壁（60分）

特定防火設備（防火シャッター・防火扉）は、感知器が火炎の煙や熱を感知した場合に閉鎖する

国土交通省「倉庫に係る主な建築基準法上の規制」をもとに作成

点があります。それは、防火シャッターの床面周辺には決して、モノを置いてはいけないということです。貨物を置く時間がほんの少しであったとしても、絶対に許される行為ではありません。防火シャッターは火災時に自動的に降りてきて、前後のスペースを隙間なく遮断することで、効果を最大限に発揮します。そのため、どんなに小さいものでも、防火シャッターの降りる範囲に貨物が置かれていて、火災発生時に隙間ができてしまうと、意味をなさなくなってしまうのです。

耐荷重

7

荷物の重量に応じた物流センターの耐荷重（床強度）を設計する

　建築物にとって耐荷重（床強度）は重要な要素の１つであり、物流センターも例外ではありません。一般的な商材を保管する場合は、そこまで敏感に対応を求められるケースはあまり多くはありませんが、商材によっては大きな弊害となり得ます。一般的に主流となる重量以上の商材・保管量を有する場合には注意が必要です。

◯耐荷重とは

　耐荷重とは、床面が耐えられる強度の指標のことを言います。耐荷重を超えて貨物を置いてしまうと、床面にダメージを与えることとなり、ひびやへこみの原因となってしまうため、物流センターの設計では非常に重要な項目の１つとなっています。

◯物流センターにおける耐荷重

　近年、建築されている物流センターの耐荷重は１㎡あたり1.5 tが主流となっており、ほとんどの物流センターはその仕様で建築されています。

　大半の貨物に関しては、耐荷重を超えるほどの重量になる可能性は高くはありません。しかし、重量物の貨物に関しては、必ず耐荷重を確認したうえで、物流センターの選定を行う必要があります。

　物流センターでは、平面だけではなく立面（高さの活用）を前提として保管設計を行います。そのため、高さをどこまで活用するか、それをどこまで設計に含めるかによって、耐荷重を考慮する程度は変わってきます。

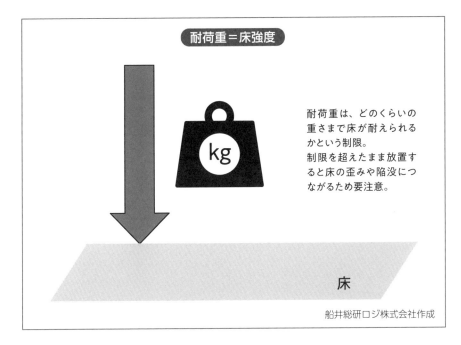

船井総研ロジ株式会社作成

●物流センターの高さの耐荷重考慮について

　耐荷重は地面に対する負荷という視点のため、平面で見たときに置かれる重量に目が向きがちですが、物流センターで貨物を保管する際は、高さを有効活用する必要があるという視点を忘れてはいけません。保管量を増やすために、ネスティングラック等を活用して可能な限り上に積み上げて保管するため、その分の重量も床への負荷になることを忘れずに、耐荷重の試算を行うことが必要です。

　近年の物流センターは、「梁下有効高」（天上高）5.5mが主流であるため、最大の高さを活用すると1㎥あたり約0.27t（1.5t÷5.5m）までの保管が可能となります。逆に言えば、0.27t以上の重量がある貨物を保管する場合は、高さの使い方次第では、耐荷重を超過する可能性があるということになります。

階段

8

上下移動する際に必ず使用する階段。安全を担保するためにも、上りと下りで右側通行、左側通行を明確にするといった工夫が必要

　多層階の物流センターには貨物用の昇降機やエレベーターが設置され、作業エリア内には階段が設置されていることがほとんどです。物流センターでは日々、多くの作業者が従事しており、役割・シフトによって動き方は大きく異なります。階段を使うことでそれぞれが動作・動線に干渉することなく移動することが可能なため、階段は物流センターに必要な機能の1つと言えます。

○階段通行ルール

　一般的に世の中にある階段は通行方向を指定しているものは少なく、駅の階段で見かけるくらいかと思います。しかし、多くの物流センターでは、右側通行・左側通行を明確に分けています。むしろ分けておかなければならないと言っても過言ではありません。

　前述したように、物流センターにおいては、スペースをいかに効率的に使ってより多くの貨物を保管できるかが非常に重要で、面積に対して可能な限り保管スペースとして確保しようと考えるのが一般的です。そのため、階段は必要最低限のすれ違い幅のみが確保されているケースが多く、通行方法を明示することで衝突等の事故を防止しています。

　また、貨物を持ったまま階段を上り下りしなければいけないケースも想定されます。視界が妨げられた状態で、上り下りが発生することも考慮する必要があるため、必然的に倉庫内の階段は通行ルールが決められていることがほとんどです。

物流センター内の階段のイメージ

右側通行⬆

右側通行⬆

右側通行⬆

右側通行⬆

右側通行⬆

・階段を上り下りする際、上る人と下る人がぶつからないように、上る通路と下る通路をあらかじめ区分けする

・階段に上りの通路と下りの通路を区分けするための印（テープなど）や掲示物を施す

階段の上り下りは大変であるが、階段利用を促進するために、「1段上ると、○kcalダウン」などの表示をして、階段を上ることに対する興味をひくことも大事。健康促進にもつながる

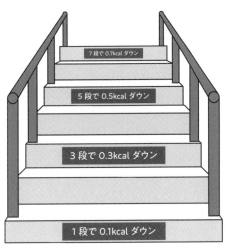

7段で0.7kcalダウン

5段で0.5kcalダウン

3段で0.3kcalダウン

1段で0.1kcalダウン

什器置き場

9

パレットの向きが揃えて保管されているか。通常の
保管スペース以外にパレット、かご車などの置き場
の確保も必要

これまでの内容で、物流センターではパレット、かご車、ネスティングラック等の什器を用いることで保管や作業を効率化していると記載してきました。

一方で、これら什器のすべてが常時使われているわけではなく、滞留している時間も少なからずあります。その際には貨物と同様、物流センター内のスペースに保管されることになります。そのため、保管は貨物のスペースだけでなく、什器関連の置き場も考えて運用しなければなりません。

○什器置き場の重要性について

弊社は年に数十以上の物流センターを視察していますが、什器置き場の設定および適切に運用できている物流センターは半分にも満たないと認識しています。

物流センターのメイン作業や貨物保管においては、各社の考えを緻密に反映した形で設計され、スムーズに運用されている現場が多数を占めます。これに対し、什器置き場の設定・運用は曖昧で、パレットやかご車が様々な場所に置かれ、最も悪い場合では、通路に放置されている物流センターも見受けられます。

什器置き場の設定・運用は、整理整頓やスムーズな物流センター運営にとっては必要な項目の1つです。置き場が決められていることで、誰でもスムーズに利用できるようになります。

○什器置き場の設定・運用が曖昧なことによる弊害

什器置き場の設定・運用が曖昧なことによる弊害として、次のようなこ

什器の置き方のイメージ

パレット　　　　　　　　　　ネスティングラック

PIXTA

とが想定されます。

什器の探索作業が発生：什器の置き場所が決められていない、あるいは正しく運用されていない場合、必要な時に必要な場所にない可能性が生じてしまい、本来不要な探索作業が発生してしまう可能性があります。

什器放置による作業性の低下：什器置き場を設定する際は、通常業務に影響を与えない場所を考慮し、配置することになります。什器置き場に什器が保管されていない、あるいは別の場所に放置されていると、通常作業の動線に悪影響を与える可能性があります。具体的には什器を移動させる必要が生じ、余計な手間がかかってしまいます。

●什器置き場設定のイメージ

　什器置き場は、物流センターのどこにあるといいのでしょうか。基本的には什器が必要となる作業の始点・終点にあると、運用がスムーズになります。物流センター設計の基本的な考え方は、貨物が行き来せずに、一筆書きとなるようにすることです。そのため、始点・終点を一筆書きにできるようにすると、什器置き場の設定も自ずと決まってきます。

管理の視点—保管

10 保管管理 を見る指標に 、充填率、空ロケ率、ケース数、アイテム数、保管キャパシティ、回転率、非稼働在庫などがある

　物流センターでは、決められたスペースの中でより多くの貨物を保管することが、コストパフォーマンスの最大化につながります。一方で、センターを運用するうえで阻害とならない程度の余白を持たせなければなりません。この2点のバランスを保つことが非常に難しい要素となります。

○保管キャパシティ

　まず、「保管キャパシティ」を把握しておくことが、管理する際の最低限の視点となります。

　保管キャパシティとは、保管可能な最大物量のことを指します。どれくらいの物量を保管できるのかを把握していないと、効率性を図るどころか、どの程度の物量を保管できる物流センターなのかが不明確になってしまいます。

　キャパシティの単位としては、ケース数やパレット枚数等で明確に数値化しておくことが一般的です。保管できる量を物量が超えてしまうと、センター運営に悪影響を与えてしまうことになります。

○回転率

　保管において最も議論になる管理指標が「回転率」で、SKUごとに入荷した物量と出荷した物量がどの頻度で回転しているかを表す指標です。金額ベースで計算されるケースもありますが、物流目線では「数量」をベースに計算することで、より物流の実態に即した形での把握を行います。

　回転率は「設定期間における総出荷数÷平均在庫数」で算出します。回転率が高いほど、在庫がよく回転しており、数値が低いほど、在庫が滞留

	保管管理指標例
	保管KPI
生産性	・充填率 ・空きロケーション数 ・在庫ケース/パレット数 ・在庫アイテム数 ・平均在庫日数（月数） ・在庫回転率

船井総研ロジ株式会社作成

していることを表します。

　回転がよい在庫は、よりよいロケーションに配置したり、間口サイズを変更したりすることで、より効率的な業務へと改善することができます。一方で、回転が悪い在庫は他のSKUと集約して間口圧縮を行います。回転率はそうした改善に活用されています。

○充填率

　充填率とは、割り当てられた間口が実際にどの程度活用されているかを測る指標です。間口は基本的には商品サイズ・想定在庫数によって設計します。そのため、SKUによって間口の空き具合はまったく異なります。また、回転率の観点からも、想定していた在庫の動き方をしないSKUが徐々に出てきます。充填率を定期的にチェックすることで、間口の有効活用・最適運用への改善を行っています。

管理の視点—作業

入出荷処理能力、入出荷作業キャパシティ、受注
～出荷完了までの時間

物流センターにおける作業は、限られた時間で要求される作業量を完了させる必要があります。その物量は毎日一定ということはほとんどなく、日々、増減が発生します。貨物の種類によっては季節波動として数倍程度の物量差が生まれることも珍しくありません。

作業を完了させるためには、計画的な段取り・数値の確認が重要な要素となります。円滑に作業を完了させるには、上限値の把握・各指標の定点観測が必要になります。

●入出荷処理能力

まず、「入出荷処理能力」を把握しておくことが、管理する際の最低限の視点となります。

入出荷処理能力とは、該当物流センターにおいて入出荷作業を処理できる最大物量のことを指します。

入出荷処理能力は、作業員を増やすほど処理できる作業量が増やせるというものではありません。設備やハード面の制約によって、必ずどのセンターにも処理能力の上限値が存在します。上限値の分析を見誤ると、顧客から要求される物量を処理することができず、顧客に大きな損害を与えてしまうことになります。そのため、あらかじめ上限値を分析し、顧客との間で処理能力の最大値について合意したうえで、センター運営を行うケースがほとんどです。

●業務生産性の設定

入出荷処理能力を設定するうえで重要な指標が、「業務生産性」です。

作業管理指標例	
	作業KPI
生産性	・入荷処理能率 ・出荷作業能率（DC） ・出荷作業能率（TC） ・流通加工作業能率
サービス	・受注締切時間 ・稼働日 ・入荷作業キャパシティ ・出荷作業キャパシティ ・流通加工キャパシティ ・返品キャパシティ ・再生キャパシティ ・イレギュラー対応件数

船井総研ロジ株式会社作成

業務生産性とは、該当作業において、定められた単位を処理するのに要する作業時間の設定になります。

業務生産性は、最大処理能力はもちろんのこと、日々の作業量に対して作業計画・必要人員数を算出する際の重要な指標です。業務生産性はデータ・理論値による算出だけでなく、実際の業務を録画して分析を行うことで、より精緻な数値を導き出すことが望ましいでしょう。

また、業務生産性は改善のためにも重要な指標です。

物流業務では、一度決めた物量・数値が未来永劫変わらないということは100％あり得ません。事業の動きや世の中の時流によって大きく変動するものです。また、物流センターにも最新のテクノロジーが続々と導入されています。そのため、物流作業においても日々修正・改善が必要とされます。改善は常に「施策の実施→効果検証→改善」というサイクルで回していきます。その際、業務生産性が効果検証において重要な数値となります。作業の管理＝生産性管理と言っても過言ではなく、最も大事であると認識しておく必要があります。

　商品・サービスに品質というものがあるように、物流にも品質という観点が存在します。コスト・スピードが重視されがちな物流ですが、EC物流の消費者の場合、「届いてあたり前」「きれいであたり前」というイメージが根づいています。それこそが「品質」です。

　物流センターにおいても、破損や遅延、作業ミス等の管理は細かく行われているのが実態です。具体的にどのような品質管理の視点があるのかを、以下に記載していきます。

●品質管理に用いられる単位について

　主に物流センターで品質管理に用いられる単位に、「ppm」というものがあります。「ppm」とは100万件あたりの発生率を表す指標で、物流センターの一般的な品質指標として用いられています。

　算出式は「エラー件数÷作業総件数×1,000,000」です。

　ppmとしての基準は特に共通化されているものはなく、業界・業種によって要求されるレベルは異なります。一般的に基準とされている数値は、20ppm（ハンディ検品）～50ppm（目視検品）程度で、高価値品（医薬品・ブランド品等）に関しては「シングルppm」(10ppm未満)を要求されることもあります。

　ミスはないことに越したことはありませんが、ゼロにするには時間もコストもかかるため、どこを目指すかは各社ごとに異なります。

●品質管理について

　品質管理はあくまでも改善箇所を整理するための管理であって、ppm等

品質管理指標例

	輸配送KPI	保管KPI	作業KPI
品質	・遅延率 ・残貨発生率 ・ドライバークレーム 　発生率 ・リードタイム遵守率 ・誤配発生率 ・破損発生率 ・口割れ発生率	・在庫差異率 ・格納率 ・破損率 ・汚損率 ・温湿度違反率	・DTS（日） ・誤出荷率 ・出荷完了率 ・オーダーから出荷完 　了までの時間（時間）

船井総研ロジ株式会社作成

の数字上での管理にとどまってしまうとなんの意味もありません。

　数値から深掘箇所を明確にし、原因を追究・改善の実施・効果検証まで行うことで意味を成すということを認識しておく必要があります。

○代表的な指標例
・破損率

　破損率は、貨物の取り扱いミスによって発生した破損数を全体処理数量で除して算出します。人為的・不用意なミスによって破損した割合を表すものです。破損率が高ければ高いほど、作業品質の見直しが必要となります。工程間での破損率集計が重要となります。

・遅延率

　遅延率は、貨物の作業遅延によって発生した遅延数を全体処理数で除して算出します。作業予定に対し、作業が間に合わなかった割合を表すものです。遅延率が高ければ高いほど、業務設計(生産性・人員数・時間)の見直しが必要と言えます。

コラム8　販売単位と「入数」

　商品の販売単位は大きく分けて「バラ」「ボール」「ケース」の３つがあります。

　バラは別名「ピース」とも呼ばれ、"１商品の最小単位"を指します。ボールは別名「インナーカートン」とも呼ばれ、"バラ（ピース）が複数入ったまとまり"を表す単位となります。

　ケースは"ボールが複数入ったもの"を示します。例えば、ビール６缶が１つにまとめられたものを「ボール」、ボール４個が１つにまとめられたものを「ケース」と呼びます。

　入数とは１つの箱に入っている商品の数を指します。下の図で言うと、ボール入数は「６缶」、ケース入数は「４ボール」または「24缶」となります。また、販売単位ではないですが在庫管理上の最小の品目数単位として「SKU」というものもあります。アパレルを例に挙げるとサイズがS・M・L、色が白・黒・赤の３色のTシャツがあった場合、SKU＝９SKUとなります。

　このように、物流業界では販売単位に応じて用いる単語が異なるという特徴があります。

単位	定義	イメージ
ピース	１商品の最小物流単位（バラとも呼ばれる）	
ボール	バラ（ピース）が複数入ったまとまりを表す単位（インナーカートンとも呼ばれる）	
ケース	ボールが複数入ったまとまりを表す単位	

第 9 章

物流センターの
BCP（事業継続計画）対策

　物流センターはサプライチェーンの中で重要な役割を果たしています。そのため、災害時等に物流センターの機能が停止すると、最悪の場合、サプライチェーン全体に影響を及ぼします。物流センターの運営を行うにあたり、日々の業務だけでなく、有事の際に物流センターとしてどのような対応をすべきか、事前にルールを決めておく必要があります。また、物流センターの運営を開始する前にBCP（事業継続計画）の観点を持ち合わせておくことも必要です。それでは、物流センターの運営において、どのような対策をすることで物流センターの運営を継続、または影響を最小限に抑えることができるでしょうか。本章では、物流センターのBCP対策についてお伝えします。

BCP（Business Continuity Plan：事業継続計画）とは、企業が自然災害、大火災、テロ攻撃などの緊急事態に遭遇した場合に損害を最小に抑え、事業の継続・早期復旧を実現するための行動計画、経営方針のことを指します。「物流BCP」は、BCPのうち「物流体制」に焦点をあてたものを指します。災害・感染症・システム障害などの予測不能な事態が起こった際に物流（サプライチェーン）を中断させず、商品を安定的に供給できる体制を構築するうえで、「物流BCP」の検討は必須事項となります。

○ なぜ物流BCPは重要なのか

物流は我々の生活を支えるインフラであり、物流センターは「商品供給の要」です。物流センターが稼働できないとなると、あらゆるモノのやり取りが停止し、企業活動や個人の生活に多大な支障をきたします。

物流BCPの重要性が注目されるようになった、2011年に発生した東日本大震災では、部品や部材の調達が遅れることによって生産や支援物資の供給に影響を及ぼしました。企業は「いつ来るかわからない」事態に備えるのではなく、「いつ何が起きてもおかしくない」という考えを持って物流BCPを構築する必要があります。

商品供給のハブとなる物流センター（拠点）をどこに配置するかの検討は、物流BCPを考えるうえで最も重要なテーマです。例えば、全国に1拠点しかないセンターを東西2拠点体制へと再構築する、同エリア内でセンターを分散させるなど、有事の際でも安定供給を可能にする物流体制の構築を目指す必要があります。

物流BCPとは

BCP	企業が自然災害、大火災、テロ攻撃などの緊急事態に遭遇した場合において、損害を最小に抑え、事業の継続・早期復旧を実現するための行動計画、経営方針
物流 BCP	BCP のうち「物流体制」に焦点をあてたもの

サプライチェーン ※調達から生産・在庫管理・物流・販売までの一連の流れ

調達　　生産　　在庫管理　　物流　　販売

物流BCPの重要性

輸配送
商品を供給者から
需要者へ運ぶ

情報管理
物流業務を
支援するための
情報システム

保管
製品をストックし、
適切に消費者・店舗に
商品を供給する

物流センターの 6 大機能

流通加工
商品に付加価値を
つけるための加工

包装
商品の価値・
状態を維持するため
商品を包む工程

荷役
物流センターにおける
入荷~出荷までの
作業全般

物流センターは「輸配送」「保管」「荷役」「包装」「流通加工」「情報管理」の6 大機能で商品を供給する役割を担う。物流 BCP では、生活を支えるインフラである「物流」を止めない仕組み作りが必要

船井総研ロジ株式会社作成

有事に物流センターとしてどのような対応をすべきかは、企業によって異なります。さらに、物流を継続させるためには荷主企業、物流企業が単独で取り組むのではなく、互いに連携して物流BCPの策定を進めていくことが不可欠です。ここでは、物流BCP策定のポイントをお伝えします。

○物流BCP策定のポイント

「経済の血流」とも言われる物流を、災害時にも安定的に継続させるための物流BCP策定のポイントは9つあります。

①基本方針の策定

物流BCPを策定するにあたり、まずは策定の目的を明確にすることが重要です。有事発生後にどういった状態まで戻すか、いつまでに戻すか等を目的として決めておく必要があります。そして、目的達成に必要となる重要業務を整理し、想定されるリスク（地震・火災・感染症など）を把握する必要があります。

②現状の把握

①の基本方針に対し、現状がどうなっているかを照らし合わせて、自社の現状を把握する必要があります。どこが不足しているか、何を決めていく必要があるのかを確認する重要なステップです。

③連絡体制の構築

物流センターで有事が発生した場合の連絡体制・手段がしっかり構築さ

物流BCP策定のポイント

①基本方針の策定	目的、重要業務、想定されるリスクを選定する
②現状の把握	物流拠点における各リスクを把握する
③連絡体制の構築	現場から管理機能までの連絡体制／手段を策定する
④安全の確保	業務関係者に対しての災害時ルールを策定する
⑤協力会社への対応	事前対策や災害発生時の発動基準を検討する
⑥顧客へのアクション	発動基準や事後対策を検討し、復旧に対する最善策を策定する
⑦労働力の確保	復旧までに必要な労働力を見積もり、確保する
⑧機能の確保	物流サービスを提供するのに必要な機能を確保する
⑨運用管理	各項を従業員へ意識付けするための対策を立案する

船井総研ロジ株式会社作成

れているかを整理する必要があります。たとえすでに構築されたものが
あったとしても、形骸化していたり、担当者や担当部署が以前のままだっ
たりしていては、意味をなしません。有事の際に正常に機能する連絡体制
を整えておきましょう。

④安全の確保

　作業員、ドライバーを始めとした現場で働く人々の安全確保は、最も重
要です。災害時のセンター行動マニュアルを検討し、訓練体制を敷くなど、
人命を守る体制を整えておく必要があります。

⑤協力会社（物流企業）への対応

　荷主企業は有事発生の際に全出荷を停止するのか、あるいは取扱商品によっては出荷を継続する等の方針を定めておくことが望ましいです。それには、物流企業の理解を得られるような働きかけが必要となります。

⑥顧客へのアクション

　物流BCPは有事が発生した際に事業の継続・早期復旧を可能にするためのものですが、その先には「顧客にモノを届ける」という最終目的があります。企業によって対象顧客は異なりますが、いずれにおいても事前に顧客と物流BCPを共有（発動基準、事後対策等）し、スムーズなコミュニケーションが図れるような体制を構築しておくことが重要となります。

⑦労働力の確保

　想定されるリスクから逆算して、何をどれくらいのスピードで実施しなければならないかを整理することで、どの程度の労力が必要になるか把握することができます。必要労力に基づいた人員確保の方法も、平時から検討しておく必要があります。

⑧機能の確保

　基本方針で策定した重要業務遂行に、必要となる機能を整理しておくことが重要です。例えば自動倉庫を導入しているセンターで、地震が起きて稼働できなくなった際に、アナログ（手作業）でも対応できる要素を残しておくことなどがあげられます。

⑨運用管理

　「①基本方針の策定」から「⑧機能の確保」で、リスクの整理から実行に向けた流れを整理してきました。最後に必要となるのは、物流BCPを

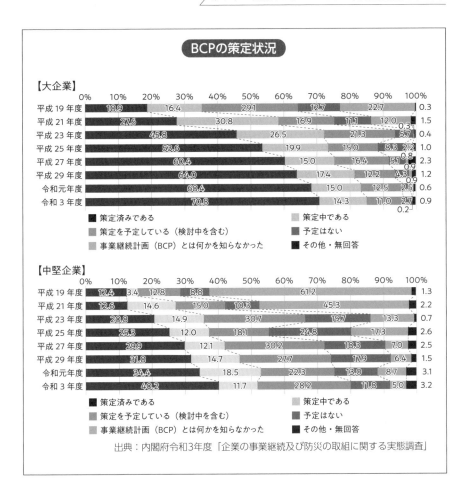

実行できる運用体制を整えることです。万が一の事象が発生した際、焦らず冷静にBCP策が実行できるよう、社内で定期ミーティングを実施したり、従業員に対する意識付けを行うことなどが一例としてあげられます。

3 物流センターの立地から見たBCP

物流センターのBCPを左右するのは立地。BCP面から見た場合、物流センターの立地はどのような影響が想定されるか?

○リスクという観点からセンター立地を考える

物流BCPを考えるうえでは、「物流センターの立地」を押さえておく必要があります。従来は、Q（Quality：品質）、C（Cost：コスト）、D（Delivery：納期）の3つの観点から物流センターの立地を検討していました。

しかし、東日本大震災を契機に、物流BCPの重要性が認識されるようになりました。以来、QCD＋R（Risk：危険）が物流センターの立地を検討する要素となっています。物流センターが分散されているか、物流BCPを考慮できているか、自社の物流センターのリスクを把握できているかといったリスク把握の観点が、事業を存続させるための非常に重要な要素となります。

自社で新たに物流センターを設ける、あるいは既存の物流センターを見直す（集約、分散、立地等）際には、「リスク」という観点が重要です。

以下に、物流センターに影響を与える5つのリスクを解説します。

①揺れやすさ

「全国地震予測地図2020年度」によると、日本の面積は世界の面積の1％未満であるにもかかわらず、世界の地震の約1割が日本の周辺で起こっているというデータがあります。また、日本における地震発生の確率を見ると、太平洋側で震度6弱以上の地震が発生する確率は日本海側に比べて高いという傾向が見て取れます。最終的に何を重視するかによって物流センターの立地を検討することになりますが、このような情報は立地を考えるうえで非常に重要です。

「地震」のリスク

世界の面積の1％未満にあたる日本周辺で、世界の地震の約1割が発生している

世界の震源分布

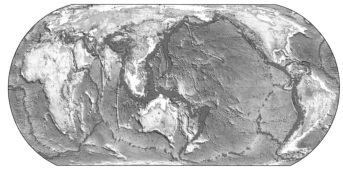

※震源データはアメリカ地質調査所(USGS)、地形データはアメリカ海洋大気庁(NOAA)のETOPO5による。図はGMT(Generic Mapping Tools)を用いて作成した。

出典：文部科学省研究開発局地震・防災研究課「全国地震予測地図2020年版」

②津波・浸水

　津波・浸水はモノの破損はもちろんのこと、人命の観点からも大きな災害として捉えられます。津波、浸水による影響は、地域によって大きく異なります。都道府県単位ではなく、さらに細かい市区町村単位で把握しておく必要があります。

　昨今では異常気象が多発しており、浸水リスクも以前に比べて高まっています。自治体のハザードマップで津波や浸水のリスクを把握し、万が一の場合は逃げる必要があるのか、留まるほうが安全なのかといった方向性から考えていく必要があります。

③交通規制

　災害・大規模火災が発生すると、人命救助・消火活動に従事する緊急車両を優先させるために交通規制がかけられる場合があります。拠点自体に

問題はなくとも、交通規制によって出荷ができなくなるといった事態が発生する可能性があります。重大災害時に納品を要望される可能性があるかどうかを事前に把握したうえで、交通規制時の迂回ルートを事前に整理しておくことが重要です。

④活断層

活断層とは、数十万年前以降に繰り返し活動し、将来も活動する可能性のある断層を指します。つまり、地震発生のリスクがある地層であり、1995年の兵庫県南部地震（阪神・淡路大震災）は、淡路島の「野島断層」という活断層が動いたことで発生しました。①の揺れやすさと合わせて確認し、どのようなリスクがあるのかを整理しておく必要があります。

⑤液状化

液状化とは、地震発生の際に地盤が液体状になる現象を指します。地震等で地中の水圧が高くなってしまい、地中内の水分と砂等が完全に分離してしまうことが原因とされています。最悪のケースとして、地盤が液状化したのち沈下して亀裂が入ったり、建物、構造物が傾いてしまうといった事象が発生するリスクがあります。特に埋め立て地での発生確率が高いため、物流センターの新設時や再配置の際は押さえておくべきポイントとなります。

本項では、立地面から見た物流BCPを解説しました。物流センターのリスクを可視化・整理することが、物流BCPを検討するうえでの第1ステップとなります。

交通規制のリスク

県警・府警・道警のHPで確認できる

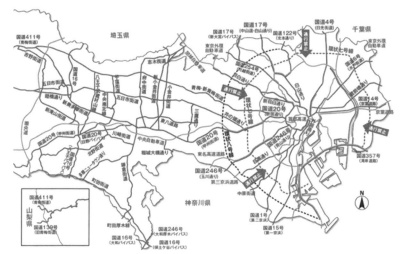

出典：警視庁

液状化のリスク

県庁・府庁・道庁のHPで確認できる

【大阪府における被害】

条件・定義		単位	南海トラフ巨大地震		東南海・南海地震(H19.3)
			内閣府公表	大阪府今回推計	
建物被害	全壊	棟	16,000	71,091	2,169
	半壊	棟	–	181,566	4,149
参　考	大阪府全建物棟数	棟	–	2,530,162	–

【液状化による全壊棟数】

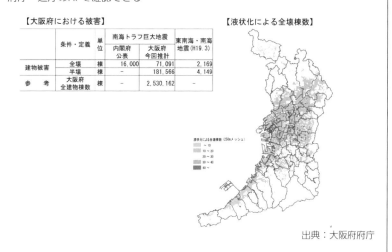

出典：大阪府府庁

業務標準化における物流BCP対策

4

有事のときに応援者が対応できるよう物流センターの業務を標準化しておく必要がある

物流が直面するリスクは、地震・火災・大規模事故だけではありません。新型コロナウイルスを契機に「感染症リスク」が高まり、物流BCPの担う役割はより大きくなっています。「企業の事業継続及び防災の取組に関する実態調査」では、想定しているリスクとして感染症の割合は81.2％となり、新型コロナウイルス流行前の49.1％を大きく上回っています。

●作業標準化によるリスク対策

一部の物流センターにおいて感染症が流行した場合、従業員の欠勤による人手不足や、業務停止による他物流センターでの代替業務実施が想定されます。しかし作業が属人化されていたり、物流センターごとに作業手順・内容に相違があったりすると、作業生産性の低下や、最悪の場合として出荷機能を果たせないといった事態に直面することとなります。

有事の際でも物流センターが滞りなく機能するためには、荷役・ピッキング・検品等の各作業において、「業務の標準化」を図ることが重要です。また、同物流センターの従業員が複数の作業に対応できるよう、平時から教育や配置の組み換えを実施しておくことも有効であると言えます。

感染症のBCP対策事例として、欠勤率を発動要件として事業継続方法を採用するといった事例があります。欠勤率によって事業活動への影響を定め、事前に対策を検討しておくものになりますが、欠勤率のモニタリング・事業継続方法の周知手段の構築が必要となります。

感染症という未曾有のリスクを事前にどのように防止するか、防止する体制をどのように運営していくかといった視点が重要となります。

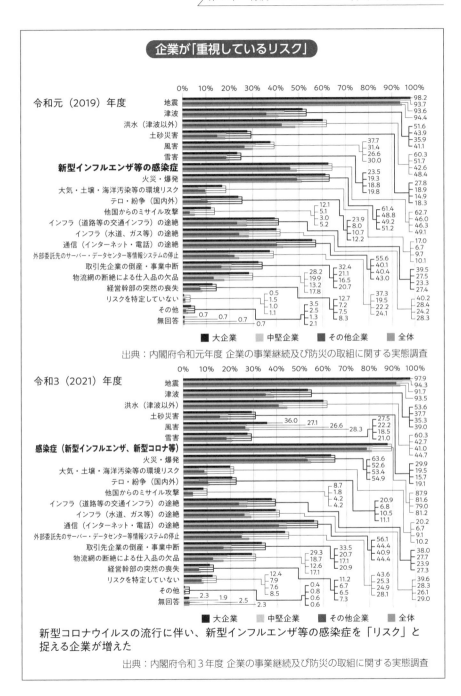

企業が「重視しているリスク」

出典：内閣府令和元年度 企業の事業継続及び防災の取組に関する実態調査

新型コロナウイルスの流行に伴い、新型インフルエンザ等の感染症を「リスク」と捉える企業が増えた

出典：内閣府令和３年度 企業の事業継続及び防災の取組に関する実態調査

地震や浸水から物流センターを守る設備を整えておくことは、センター復旧までの時間短縮、復旧にかかるコスト削減にもつながります。

❖ 「揺れ」から物流センターを守る

「揺れ」から物流センターを守る設備として、「免震」と「耐震」があげられます。免震とは、建物と基礎の間に免震装置を設置することで、建物に地震の揺れを直接伝えない構造のことを指します。一方、「耐震」は建物自体の構造部分（壁や柱、梁など）を強くして、地震の揺れに耐えるように設計された構造です。どちらも地震によるリスクを最小限に抑えるためのものですが、免震は地震の揺れを「受け流す」ものであるのに対し、耐震は地震の揺れに「耐える」といった違いがあります。どのような設備が効果的であるかは、物流センターの形態によって異なります。

例えば2階建て以上の物流センターの場合、建物の揺れは階が上がるごとに大きくなるため、耐震構造では不十分である可能性があります。

❖ 水害リスクから物流センターを守る

「浸水」「液状化」といった水害から物流センターを守る設備として、「高床倉庫」があります。高床倉庫とは、敷地面よりも倉庫の床面が高い倉庫です。大半はプラットホーム型になっており、ホームにトラックの後部を付けて積み込み・積み降ろしを実施します。

一方、低床倉庫とは床面が敷地面と同じ高さに設計された倉庫です。水に濡れると製品機能に大きく関わるような商品（医療機器・精密機器）を扱う倉庫の場合は高床倉庫が望ましいと言えるでしょう。

「揺れ」から守る機能

免震

耐震

免震装置

耐震装置

THK株式会社HPをもとに作成

水害リスクから守る機能

低床倉庫

PIXTA

高床倉庫

PIXTA

物流センターの落下防止策

6

揺れが発生した際に起こり得るのが、貨物の落下。落下を防止する設備の導入や保管方法の工夫が必要

物流センターは大量の荷物を保管する施設であるため、落下事故のリスクが常に存在しています。落下事故が発生すると、荷物の破損、従業員の負傷などの被害が生じる可能性があります。そのため、物流センターでは、落下防止事故の対策を講じることが重要です。

●落下防止バー

落下防止対策の1つが、落下防止バーの活用です。落下防止バーは、地震の揺れによって保管物が落下するのを防ぐための柵や金属バーを指します。箱状の荷物を保管する棚でよく見られる柵状のものが一般的ですが、大型荷物の落下、飛び出し防止に向いている「落下防止チェーン」もあります。

保管物のサイズや特徴に合わせて設備を選定することが重要です。

●ストレッチフィルム

荷物の破損を回避するという点では、ストレッチフィルムの活用も期待できます。ストレッチフィルムはポリエチレン樹脂などを原料とした梱包用のフィルムであり、静電気でフィルム同士がくっつくことで商品を結束、固定する機能を持ちます。

ストレッチフィルムを活用することで、パレットに積み付けた商品の保管・輸送における荷崩れを防止できます。大きな揺れに見舞われた際でも保管・輸送中の荷物の安全性を維持できることから、安定的に荷物を届けるために重要な梱包材であると言えます。

貨物の落下を防ぐ設備

落下防止バー

地震の揺れによって保管物が落下するのを防ぐための柵や金属バー

落下防止チェーン

画像提供：日本ファイリング株式会社

ストレッチフィルム

商品を結束、固定する透明なフィルム（長さによって「手巻き用」「機械用」がある）

画像提供：西濃運輸株式会社

◯物流BCPにおける「拠点分散」

「拠点分散」は、自然災害や人災リスクから物流業務を守るための重要な取り組みです。

1拠点体制で在庫を1か所に集中させていると、その場所が自然災害や人災などの被害を受けた場合、物流業務が停止してしまう恐れがあります。結果的に物流センターの出荷機能に支障をきたし、商品の供給に停滞を招くというリスクが発生してしまいます。

一方、拠点を分散させると、複数の拠点に在庫が分散されるため、1か所の物流センターが自然災害や人災などの被害にあっても、他の拠点から商品を供給することが可能となります。

例えば首都圏近郊の1か所に拠点を置き、そちらのみで在庫を保有していた場合、首都圏で大きな地震が起きれば商品の供給が停止してしまいます。しかし、拠点を首都圏と関西の東西2か所体制にして在庫を分散させることで、首都圏近郊で地震が発生した場合でも関西拠点から出荷を続けることができるようになります。

◯拠点分散のメリット

ほかにもメリットはあります。

拠点を分散させることで、納品先（エンドユーザー）までの配送距離が短縮され、配送コストを抑えることが可能となります。特に配送時間の細かな指定や高度な梱包品質が求められるtoC物流においては、拠点を分散して顧客の要望に応えるといった実例が多く見られます。

また、拠点分散によって1つの拠点の規模が小さくなることで、作業員

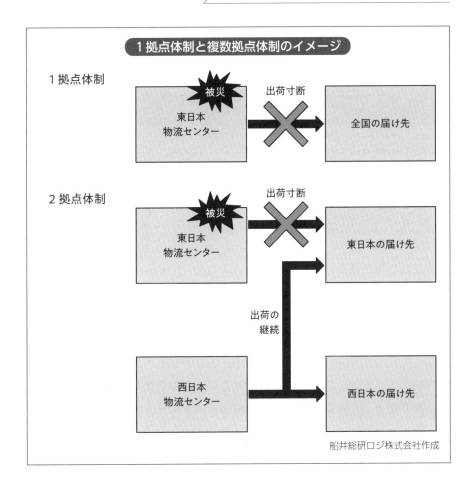

1拠点体制と複数拠点体制のイメージ

1拠点体制

被災　出荷寸断
東日本物流センター　✕　全国の届け先

2拠点体制

被災　出荷寸断
東日本物流センター　✕　東日本の届け先

出荷の継続

西日本物流センター　西日本の届け先

船井総研ロジ株式会社作成

（人材）や車両確保の負担が小さくなるというメリットも存在します。人材確保に関しては、人手不足が加速する物流業界において喫緊の課題となっており、人材確保に苦戦しているのが現状です。特に消費が集中する首都圏近郊では、他社よりも高い時給を設定しないことには人材を確保するのが難しくなっており、結果として企業が負担する人件費は高騰する傾向にあります。人材を採用するハードルが年々高くなっているなか、拠点を分散させることで拠点の規模に合った人材募集が可能となり、人材確保のハードル・コストを低減できる可能性が高まります。

非常時の電源確保

　災害や事故などで停電が発生した場合、物流センターの機能が果たせなくなるリスクがあります。特に昨今はWMS（倉庫管理システム）や自動倉庫の導入が盛んであり、電源の供給が途絶えることによる物流センターへの影響は多大なものとなっています。

○非常時の電源確保

　非常時の電源確保の方法に、以下の2つがあげられます。

①自家発電装置の設置

　自家発電装置は、非常時に電力を供給する装置であり、災害時に稼働することで、一定時間の電力供給が可能となります。自家発電装置は発電機や燃料タンクなどの設備が必要となるため、初期費用やランニングコストがかかりますが、停電のリスクを大幅に軽減することができます。

②無停電電源装置（UPS）の設置

　無停電電源装置は、予期せぬ停電や電圧変動が発生した際に、蓄積しておいたエネルギーを使って電力供給機器に一定時間電力を供給する装置です。自家発電装置と比較して導入コストは安価に抑えられる一方、非常時の供給量には限界があります。自家発電装置と無停電電源装置を組み合わせることで、より強固な物流BCPを実現するといったことも考えられます。

　また、センター運営に関わるシステム運用をクラウド化させることで、データを守る、データ消滅リスクを抑制する方法もあります。

　システム化が進む物流センターにおいて、非常時の電源確保は喫緊の課題となっています。

自家発電装置

画像提供：デンヨー株式会社

無停電電源装置（UPS）

画像提供：富士電機株式会社

従業員の安全確保

9

物流センターの設備、立地だけでなく、庫内で働く
従業員の安全確保も物流BCPには重要である

　有事の際に物流BCPを機能させて事業を継続するためには、従業員の安全確保が大前提となります。自然災害や大事故はいつ起きるか予測不可能であるからこそ、平時から物流センターにおける従業員の安全確保の仕組み作り・従業員への意識付けが必要です。

●避難場所・避難経路の確保

　災害時に従業員が安全に避難できるように、避難場所と避難経路を事前に確保しておく必要があります。避難場所は、物流センター周辺の安全かつ十分な広さのある場所（公共施設・学校など）を想定しておくのが望ましいと言えます。また、避難経路として複数のルートを確保し、災害発生時に安全に避難できるルートを示す標識の設置も必要となります。

　避難場所・避難経路を定めた後は定期的に避難訓練を実施し、従業員への意識付けをしましょう。実際に避難するシミュレーションを行うとともに、避難中に起こり得るトラブルへの対処方法を検討する・規定の避難場所や避難経路が災害時のものとして適切かどうかを振り返るきっかけにもなります。

●通勤アクセスの確保

　災害時には従業員が通勤できなくなる可能性があるため、通勤手段の確保も必要です。災害発生時でも通勤できる交通手段を事前に確認し、代替交通手段として情報を提供する必要があります。災害時、何名の従業員がいれば物流センターの最低限の復旧が実現できるかを想定し、通勤が必要となる従業員とそうでない従業員をあらかじめ決めておき、各々に合った

国土交通省によるBCP策定のガイドライン

国土交通省「荷主と物流事業者が連携したBCP策定のためのガイドライン」では、実際に災害が発生した後に取るべき措置を以下の通り示している

ポイント

BCPを機能させ、事業を継続するには従業員とその家族の安全確保が前提であり、従業員等の人的被害状況の把握がBCPの最優先事項

対応策

従業員等の人的被害状況の把握【最優先事項】(事例5)
発災時においては、事業の継続を行うために従業員が一丸となって様々な対策を進めていく必要があることから、企業として従業員やその家族の安全を確保することが最優先事項となる。
従業員とその家族の安否を確認した後、オフィスや物流施設内外の被災状況を把握し、事業継続・復旧に向けた行動に進める。
また、安否確認を行う手段として災害伝言ダイヤル、LINEやTwitterなどのアプリを活用することも有効な手段である。

出典：国土交通省「荷主と物流事業者が連携したBCP策定のためのガイドライン」

対策を講じておくことが必要です。

○安否確認

　従業員ならびにその家族の安否確認方法はあらかじめ決めておいて、有事の際はその手段に基づいて対応するといった仕組み作りが必要です。

　東日本大震災では、通信手段の途絶により全従業員の安否確認に1週間を要したというケースもありました。メッセージアプリやメールなど個人間の連絡ツールを活用するほか、「緊急連絡網」の整備で連絡を途絶えさせない体制を作ることも重要です。

　あらかじめ従業員に会社との連絡手段を明記した名刺サイズの「カード」を携帯させることは、滞りのない安否確認実現の一助となることでしょう。

　また、従業員の安否確認だけでなく、荷主との連絡手段を確保しておくことも不可欠です。

コラム9　日本型3PLと欧米型3PL の違い

　3PL（サード・パーティ・ロジスティクス）とは、第三者企業に物流業務を委託する業務形態のことを言います。3PL業者は自社で倉庫やトラック等の物流資産を持つ「アセット型」と、自前の物流資産を持たない「ノンアセット型」の2つに分かれます。

●日本型3PLと欧米型3PLの違い

　日本型3PLの特徴は、ロジスティクスの全領域（調達物流・生産物流・社内物流・販売物流・回収物流）を1社の3PL業者が行うのではなく、一部分の元請け機能が主流です。荷主企業と3PL業者が利益相反であり、クローズブックと言われる自社便や自社倉庫を使用しているため、多くの場合、調達費、原価などは開示されていません。

　これに対し、欧米型3PLは日本の3PLとの最も大きな違いは「ノンアセット型」でワンストップサービスを組み立てて、料金建てはオープンブックで一気通貫型サービスとして提供している点です。3PL業者がキャリアといわれる倉庫事業者や物流事業者との交渉を行っています。オープンブックとは費用に関する情報をすべて開示することを指します。

　欧米型3PL業者の場合、キャリアの見積もり(費用)を荷主企業に開示し、自社の報酬は別途受け取るという方法で業務を行っています。

第10章

物流センターの企業事例

　物流センターの運営は業界によって様々で、同じ業界でも企業によって運営方法は異なります。というのも、企業として重視していること（例えば、人手不足解消が実現できるセンター、今後の物量増を見据えたセンター、即時納品が可能なセンターなど）が異なるからです。本章では、荷主企業から物流センターの運営を受託している物流企業の事例、自社で物流センターを運営している荷主企業の事例、さらには物流センターの運営の高度化を図るため、システム面から物流センターの導入に関わっている企業の事例といった各々の物流センターの事例についてお伝えします。

1 センコー株式会社

センコー株式会社は総合スーパー・ドラッグストア・アパレルなどの流通ロジスティクス、食品物流・住宅物流・ケミカル物流など幅広い業界・業種に向けた物流サービスを展開しています。

中でもアパレル分野に精通しており、自動化機器導入で保管効率・作業効率の向上を実現しています。

●アパレル物流の要　流山ロジスティクスセンター

千葉県流山市に拠点を構える流山ロジスティクスセンターは、有名アパレルブランド「ユナイテッドアローズ」の商品を取り扱っています。同センターでは約220店舗分の入出荷作業および保管機能を有しています。

また、一般的な物流センター機能に加えてアパレル物流センターの特徴である「ささげ」も実施されています。

ささげとは「さ＝撮影」「さ＝採寸」「げ＝原稿作成」の頭文字を取った用語で、ECサイトに掲載する商品情報（商品画像・説明文・商品サイズなど）を作成する業務を指します。物流センターにてささげ業務を実施することで、荷主は外注コストの削減・サイトへの商品写真アップの納期短縮というメリットを享受できます。

●保管効率を向上させる「マルチシャトルシステム」

一般的なアパレル物流センターは、作業のしやすさを考慮してピッキング棚の高さを作業員の手の届く高さに設定しているという特徴があります。

一方でこのような倉庫設計は倉庫上部のスペースに余白が生まれ、保管

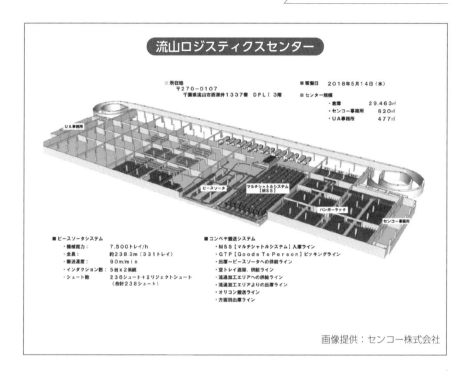

流山ロジスティクスセンター

■所在地
〒270-0107
千葉県流山市西深井1337番 DPLI 3階

■稼動日　2018年5月14日（水）

■センター規模
・倉庫　　　　　29,463㎡
・センコー事務所　820㎡
・UA事務所　　　477㎡

■ピースソータシステム
・機械能力：　　7,500トレイ/h
・全長：　　　　約238.3m（331トレイ）
・搬送速度：　　90m/min
・インダクション数：5台×2系統
・シュート数　　236シュート＋2リジェクトシュート
　　　　　　　（合計238シュート）

■コンベヤ搬送システム
・MSS［マルチシャトルシステム］入庫ライン
・GTP［Goods To Person］ピッキングライン
・出庫～ピースソータへの供給ライン
・空トレイ返却，供給ライン
・流通加工エリアへの供給ライン
・流通加工エリアよりの出庫ライン
・オリコン搬送ライン
・方面別出庫ライン

画像提供：センコー株式会社

効率が低下してしまうという点が課題として存在します。

　マルチシャトルシステムは、保管棚を天井近くの高さまで設置できる設計となっているため、倉庫面積の縮小・保管効率の向上を実現できます。マルチシャトルシステム導入により、30%の省スペース化が可能となり、アパレルセンターの保管上の課題を解決しています。

　また、マルチシャトルシステムにより、「歩行レスピッキング」が可能となりました。人が該当の棚に商品を取りに行くのではなく、該当の商品が作業者の元に届けられる仕組みです。そのため、作業者は自ら集品する必要がなく、マルチシャトルシステムから払い出された商品を検品するところから作業をスタートさせることができます。

　流山ロジスティクスセンターは、マルチシャトルシステムによる集品によって、人手による集品と比較した際の作業生産性を約3倍向上させることに成功しています（作業生産性は集品行数ベース）。

●店舗別仕分けの自動化「リニソートシステム」

　マルチシャトルシステムのほかに「リニソートシステム」を導入することで、出荷作業の効率も向上させました。

　リニソートシステムとは、従来、手作業で行っていた仕分け作業を自動化するものです。そのため、作業員は検品完了後に商品を該当のリニソートに流し込めば、商品が自動で店舗別のシュートエリア（商品が自動で振り分けられて落下する出口）へ払い出される仕組みとなっています。

　また、リニソートシステムと同様の自動仕分け機能を持ちながら、簡易的に導入が可能な「t-sort」も導入しています。

　「t-sort」はリニソートシステムの「固定設備型」とは異なり、仕分けロボットの台数で出荷能力をコントロールできるという特徴があります。需要や販売計画に応じて柔軟に対応できるのが最大のメリットといえます。

　流山ロジスティクスセンターは、様々な自動化機器を目的・用途に合わせて導入することで、倉庫全体を通した省人化と「いかに速く商品を各店舗に届けるか」という出荷能力向上のための工夫を図っています。

●自動化機器導入に向けての取り組み

　庫内業務の自動化は、労働負荷の低減や人材の活用に直結する要素であり、人手不足が顕在化する物流業界において重要な取り組み事項となります。一方で、やみくもに自動化を進めてしまうと現場にそぐわない機器を導入してしまうことになりかねません。

　流山ロジスティクスセンターでは、自動化機器導入に際して荷主企業の中長期戦略を把握し整合性を探りながら約1年かけて現在の仕組みを構築しています。物流センターへの自動化機器導入は大きな設備投資になるからこそ、5年〜10年後を見据え、在庫がどれくらい増えるのか・どんな物流体制になっていくのかを判断し、適切なマテハンを選定するという視点が重要となります。

「マルチシャトルシステム」と「リニソートシステム」

マルチシャトル導入前

マルチシャトル導入後

リニソートシステム外観

アパレル品保管の様子（ハンガーラック）

マルチシャトルシステム導入による
歩行レスピッキングの様子

画像提供：センコー株式会社

2 ロジスティード株式会社

ロジスティード株式会社は3PL、重量機工、フォワーディングをコアに、グローバルに事業を展開する総合物流企業です。70年以上にわたる物流オペレーション経験とノウハウを有しています。「スマートロジスティクス®」を掲げ、継続的な物流センターへの自動化設備の導入・拡大を進めることで、自動化・省人化・DXによる労働環境の向上に注力しています。

●EC業界の先駆け、高度自動化シェアリングセンター

埼玉県春日部市に拠点を構えるECプラットフォームセンターは、複数のEC事業者で物流設備、物流システム、倉庫スペース、倉庫内スタッフをシェアリングするセンターです。使った分だけ料金を支払う「従量課金型」で、新たな設備投資なしで自動化機器・システム等が使用できるため、初期費用ゼロ、固定費ゼロでEC事業を立ち上げ、事業の成長に合わせて拡張することができます。

ECプラットフォームセンターは約17,000アイテムを取り扱っており、AGV（無人搬送機）・GAS（ゲートアソートシステム）・チラシ自動投入・納品書投入・製函機・封函機等の自動化機器を導入しています。入庫検品、GASへの投入、出荷前荷揃えを除くすべての工程を自動化し、省人化率は72%となっています。

特筆すべきは、ECプラットフォームセンターに導入しているRCS（Resource Control System）と呼ばれるシステムです。RCSは自社開発で特許も取得しており、物流センター内のシステム・自動化機器等のリソースを統合制御する役割を担っています。

複数の荷主が使用するECプラットフォームセンターでは、特定の自動

ECプラットフォームセンターの自動化機器

GAS（ゲートアソートシステム）
ピッキングで集品した商品の仕分け作業を効率化するシステム。商品のバーコードをシステムに認識させると、出荷先（仕分け先）のゲートが開き、投入する商品数がデジタル表示器に表示される。

チラシ自動投入機
ECの場合、発送先ごとに異なるチラシの投入が発生するケースが多い。顧客属性に応じて自動で同梱するチラシを投入し省人化を図る仕組み。

サイズ可変型封函機
3パターン（60、80、100）の梱包サイズを自動的に仕分け、高さは可変で自動的に封函する機械。

画像提供：ロジスティード株式会社

化機器・作業員に作業が集中しやすくなります。

　従来、特定の自動化機器への作業集中によるラインの滞りを回避するには、管理者が各設備の稼働状況を確認し、作業の優先順位を加味して調整する必要がありました。

　一方でロジスティード株式会社のRCSは、物流センター内の自動化機器の稼働情報・作業者の実績情報等を把握し、各設備や作業者への指示を自動的に行う機能を備えています。最も効率がよくなるように作業の割り付けを行うことで、物流センター全体の生産性最適化に貢献しています。

　また、倉庫内のWMS（倉庫管理システム）を複数荷主が使用できるようカスタマイズしており、ECプラットフォームセンターを利用する約20社の物流業務を滞りなく運営するために必要不可欠となっています。

ECプラットフォームセンターは自動化機器とRCSの導入により、作業効率の向上と作業ミスの減少を実現しています。今後も、EC事業者の物流コスト削減や物流品質の向上に貢献していくことが期待されます。

●パレット搬送からステージングまでを完全自動化　メディカルプラットフォームセンター

　埼玉県加須市に拠点を構えるメディカルプラットフォームセンターでは、医薬品を専門的に取り扱っています。

　医薬品は人命に関わるものなので、他の商材を扱う物流センターと比較して厳重な温度管理、セキュリティ管理が求められます。メディカルプラットフォームセンターは医薬品の適正流通（GDP）ガイドラインに準じた温度管理・セキュリティ管理のほかに、有事の際にも医薬品の供給を止めないよう免震構造採用・自家発電設備の導入など万全のBCP対策を講じています。

　メディカルプラットフォームセンターの最大の特徴は、ケース出荷作業におけるピッキング後のパレット搬送・ケース仕分け・ステージング（出荷荷揃え）までを完全無人化している点です。この無人化を可能にしたのが、「自動ロボット仕分け（Automated Robotic Sorting）システム」（以下「ARS」）です。ARSはロボットアーム式のデパレタイザー・パレタイザー、パレットAGV、無人フォークリフトのほか、付帯設備（バーコードリーダー、オートラベラーなど）で構成されています。従来、ユーザーが、異なるメーカーの設備を相互に連携させて活用することは不可能でしたが、前述のRCSによってシームレスな連携を実現しています。この仕組みによって約4,300アイテムを扱うメディカルプラットフォームセンターの自動化を実現し、省人化率は80％となっています。

　ロジスティード株式会社は単純に自動化機器を導入するだけでなく、RCSのような複数の自動化機器を組み合わせられる体系的な仕組みを自社で構築し、効率的で最適な物流ソリューションを提供しています。生産年

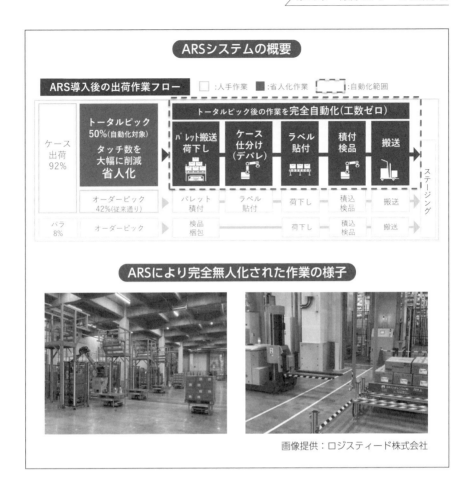

画像提供：ロジスティード株式会社

齢人口が減少する環境下においても安定して事業運営を継続・拡大するため、スマートロジスティクスを推進しています。

3 楽天グループ株式会社

インターネット関連サービスを中心に展開している楽天グループ株式会社は、サービスの1つであるインターネット・ショッピングモール「楽天市場」を運営しています。楽天グループでは、「楽天市場」の出店店舗向けに商品の入荷から配送までを一括して受託する総合物流サービス「楽天スーパーロジスティクス」を提供しています。

●楽天グループが提供する「楽天スーパーロジスティクス」

「楽天スーパーロジスティクス」は、「楽天市場」への出店を検討したいが商品の発送対応に手が回らない、あるいは自社で発送対応をしているがアウトソーシングしたい、といった要望に対して、商品の入荷、保管、出荷対応を行うサービスです。

サービスのオプションとしては、チラシ・販促物封入、ラッピング対応、仕入先からの入庫が海外からのコンテナである場合、コンテナの荷受け対応も可能です。

●物流のアウトソーシングだけでなく物流の改善・課題解決にもつながる

「楽天スーパーロジスティクス」の利用者には、「RSLカルテ」を提供しています。「RSLカルテ」とは、利用者が改善すべき物流課題を特定し対策につなげられるよう、主に以下の4つの項目を数値で報告する仕組みです。

・物流コスト推移
・基本情報（入荷数・出荷数・保管数）
・長期保管傾向
・売れ筋商品の欠品日数

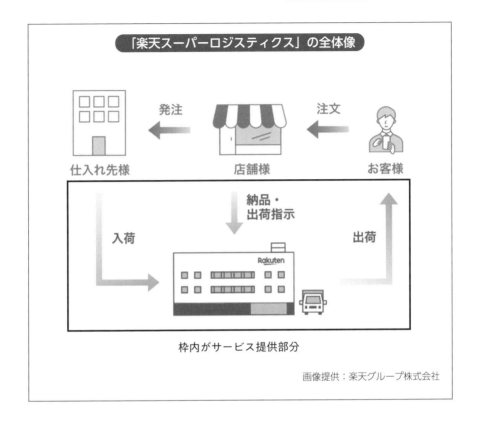

「楽天スーパーロジスティクス」の全体像

枠内がサービス提供部分

画像提供：楽天グループ株式会社

●楽天グループ運営の物流センター

　物流センターの運営は、楽天と日本郵便の合弁会社であるJP楽天ロジスティクス株式会社が担っています。

　2021年３月、楽天と日本郵便は物流領域において、楽天の豊富なデータリソースやオンラインショッピングの運用ノウハウ、日本郵便が培ってきた全国を網羅する郵便局や物流のネットワークの基盤など、両社の資産と知見を最大限に活用する戦略的提携を開始しました。JP楽天ロジスティクス株式会社は、その一環として、新たな物流プラットフォームの構築とその共同化を目指して設立された会社です。

　「楽天市場」出店店舗向けの「楽天スーパーロジスティクス」を提供し

ている物流センターは全国に6か所あります。2023年9月には大阪府八尾市に「楽天スーパーロジスティクス」を提供する物流センターである「Rakuten Fulfillment Center Yao（楽天フルフィルメントセンター八尾）」の稼働を開始しました。既存の物流センターが順調に稼働率を上げていることから、さらなる処理能力向上にあたり新設された物流センターです。

　また、「楽天24」「楽天ブックス」「Rakuten Fashion」等の直販サービスの物流センターも運営しています。

　配送の効率化を目的に「楽天フルフィルメントセンター」では、楽天と日本郵便との連携により、物流センターから日本郵便の配達を行う郵便局へ直送する「局直送」という取り組みを2022年4月より開始しています。通常、最寄りの郵便局が荷物を集荷し、複数の郵便局を経由して配達を行う郵便局に輸送するという流れで、荷物を配達しています。一方「局直送」では、物流センターから配達を行う郵便局へ、当該地域宛の荷物をトラックで直接輸送します。これにより、配送網全体の効率化と出荷から配達までのリードタイムの短縮を実現します。

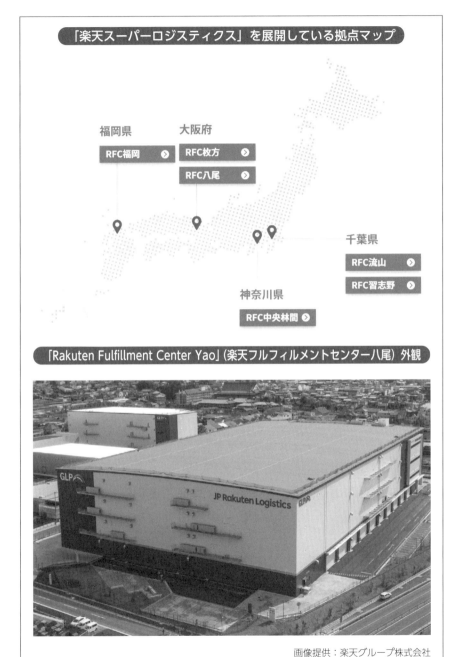

「楽天スーパーロジスティクス」を展開している拠点マップ

福岡県
RFC福岡

大阪府
RFC枚方
RFC八尾

千葉県
RFC流山
RFC習志野

神奈川県
RFC中央林間

「Rakuten Fulfillment Center Yao」（楽天フルフィルメントセンター八尾）外観

画像提供：楽天グループ株式会社

　トラスコ中山株式会社は、「がんばれ!!日本のモノづくり」を企業メッセージに掲げる、プロツール（工場用副資材）を扱う卸売業です。

　工場や建築現場はたった1個の道具・部品がないだけでも作業が止まってしまうため、「必要な時に必要なモノを必要な分だけ」届けることが求められます。約58万アイテムという豊富な在庫を保有することで「クイックデリバリー」を可能とする最新設備を導入した物流センターを紹介します。

○最先端の物流機器を組み合わせて実現する"即納体制"

　トラスコ中山株式会社は全国に28か所の物流センターを構えています。その中でも埼玉県幸手市に拠点を構える「プラネット埼玉」では、最先端の物流機器を最適に組み合わせることで「即納体制」を構築しています。

　ピッキングの工程ではAutoStore（オートストア）と呼ばれる高密度ロボット収納システムを導入しています。オートストアは床から天井近くまであるジャングルジムのような格子の中に、隙間なくコンテナが積み上げられており、最上面を走るロボットがコンテナを引き上げ作業者のステーションまで運搬する物流機器です。空間効率の最大化とともに、作業者は一定の場所で作業することができるため、歩く時間を削減し、入出庫作業の効率化・省人化もはかれます。出荷能力は1ステーションあたり1時間120件ほどこなすことができます。

　なお、プラネット埼玉では最新型の「Ranger GTP（旧名称Butler®）」を導入しており、また、プラネット埼玉で世界初となる「N-Deep」を導入しています。通常、商品棚は2配列運用ですが、「N-Deep」は3配列運用となっており、この仕組みは保管効率改善の一助にもなっています。

プラネット埼玉の外観

画像提供：
トラスコ中山株式会社

「Auto Store」

画像提供：
トラスコ中山株式会社

　出荷工程では、「SAS（システマストリーマー）」と呼ばれる高速荷合わせ装置や、納品書の封入・梱包・荷札の貼付を高速かつ正確に行う高速自動梱包出荷ライン「I-Pack®（アイパック）」を導入しています。近年強化しているサービス「ニアワセ」＋「ユーチョク」(荷物詰め合わせ＋ユーザー様直送) は豊富な在庫とこれら最先端の物流機器との組み合わせで実現しているサービスです。「SAS」を使い複数の商品をできるだけ1つの箱に詰め合わせて出荷することで荷物の個数を削減し、「I-Pack®（アイパック）」によって出荷効率を高めることができます。出荷能力を高め問屋であるトラスコ中山株式会社が直接ユーザーに商品を出荷することで業界全体の配送効率が高まり、荷量や配送回数の削減されることで、深刻化する

画像提供：トラスコ中山株式会社

ドライバー不足問題や環境負荷軽減の解決の糸口になると取り組んでいます。「SAS」の荷合わせ能力は1時間あたり1,800オリコン、「I-Pack®」に関しては1時間あたり720個の梱包が可能となっており、人間による判断・作業を極限までなくすことで、人為的ミス防止・高効率出荷を実現しています。

　また、その他にもプラネット埼玉では自社配送車両を15台保有しており、取引先の小売業には路線バスのように固定ルートを回る配送体制で商品を直接届けています。一般的に物流費は「変動費」として捉えられますが、トラスコ中山株式会社は「固定費」とし、1日2便、ペンチ1本、ガムテープ1巻からのお届けを可能としています。

　自動化機器での出荷によりユーザーへは注文の当日出荷、プラネット埼玉近隣の取引先には最短当日お届けを実現しています。

● 「トラスコならある」　50万アイテム越えの保管を実現

　プラネット埼玉では約58万アイテムを保管しています。一般的な物流の考え方として、「大量の在庫を持つこと＝保管コスト・在庫管理コスト増」につながるため在庫を大量に持つことを好まない傾向があります。一方で、トラスコ中山株式会社は「在庫は成長のエネルギー」と捉えていま

す。「ものづくり現場の即納ニーズを叶えるためには誰かが持っておかなければいけない」という想いに基づき、他社が取り扱っていないような商品をあえて仕入れ・保管しワンストップで供給しています。

また、トラスコ中山株式会社では小物から大物、軽量物から重量物まで多種多様な商品を取り扱っています。折りたたみコンテナ（50ℓ以下）に収まるアイテムが在庫の9割を占めており、残り1割は大型商品や重量物です。

そのためプラネット埼玉では商品サイズに合わせて保管効率を考えた自動化機器を導入しています。例えば、多品種・小ロット商品は「バケット自動倉庫」で保管しています。商品を「バケット」と呼ばれる専用ボックスに保管する仕組みとなっており、収納アイテム数は14万4,000アイテム（132万個）となっています。

一方で、オリコンに収まらないアイテムや重量物は「パレット自動倉庫」にて保管しています。1つのパレットに複数商品の収納を可能とする独自の工夫で、空間の利用を最大化しています。

また、プラネット埼玉では商品が固定の住所を持たない「フリーロケーション」形式の在庫管理を採用しています。商品容積・出荷頻度・什器容積をデータ化し、最適な格納場所に自動誘導する仕組みによって、隙間のない「高密度収納」を実現しています。

プラネット埼玉は常時19,000行/日の出荷能力、6,000行/日の入荷能力を有していますが、工場や建築現場の繁忙期にあたる9月・12月（年末）3月は日あたりの出荷行数：24,000行、入荷行数：9,000件にのぼります。

これだけの物量を捌くための物流センターを構築するために、自動化機器の導入だけでなく、従業員が安心して長く働き続けられるよう環境も整えています。プラネット埼玉には働きやすさを重視した「託児所」や「社員食堂」を完備している点も特長として挙げられます。

「ニッポンの工具箱」として供給責任を果たすため、物流センター内の在庫の高密度化、出荷の高効率化を目指した独自の工夫が詰まった物流センターで顧客の要望に応えています。

5 株式会社フレームワークス

　株式会社フレームワークスは、物流センター内の庫内オペレーションを円滑に進めるため、また、省人化・自動化機器の最適な運用を実現するためのシステム構築を支援している企業です。

　物流センター内を適正に管理するためには、在庫を可視化する必要があり、そのためのシステムが必要となります。また、物流センター内に複数設置されたロボットや自動設備を効率的に運用させるためには制御するシステムが必要となります。本項ではこれらのシステムを活用し同社が手掛けた物流センターの事例を紹介します。

●完全自動化を実現した次世代倉庫　花王株式会社の事例

　花王株式会社豊橋工場の新倉庫は、製品の入庫・届け先向けの仕分け作業・出庫までの一連の流れにおいて、完全自動化を実現しています。完全自動化に至った背景には、豊橋工場の生産能力強化の計画があります。多様化するニーズに合わせた多品種生産と、そのために必要となる柔軟で効果的な物流への対応を目指して、物流体制の見直しを始めたのです。また、社会的な課題として、ドライバーや庫内作業員の人手不足や環境対応などがあります。そのようななか、豊橋工場・新倉庫は工場から物流拠点、販売店へ柔軟で効率的に製品を供給できるロジスティクスを目指すべく、「生産・物流機能一体型拠点」として、持続可能なサプライチェーンの推進に取り組んでいます。

　そのなかで、株式会社フレームワークスは、花王株式会社の豊橋工場・新倉庫で導入された自動化設備の高度化を実現するため、自動化設備制御システムの導入支援を行いました。

花王株式会社　豊橋工場・新倉庫の外観

株式会社フレームワークスが花王株式会社の豊橋工場・新倉庫で実装した自動化設備制御システムの概要

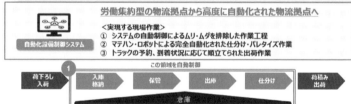

労働集約型の物流拠点から高度に自動化された物流拠点へ

自動化設備制御システム

＜実現する現場作業＞
① システムの自動制御によるムリ・ムダを排除した作業工程
② マテハン・ロボットによる完全自動化された仕分け・パレタイズ作業
③ トラックの予約、到着状況に応じて順立てられた出荷作業

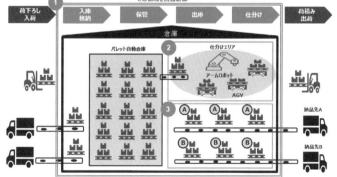

画像提供：株式会社フレームワークス

●入庫、仕分け・搬送を自動化

トラックの荷台からパレットに積載された製品を降ろす際、通常であればフォークリフトを操作して荷降ろしをしますが、豊橋工場・新倉庫では、トラックアンローダー（画像１）により床が自動で動き、フォークリフトを操作することなく入庫作業を行うことができます。これにより、荷降ろしにかかる時間が短縮されます。入庫されたパレットは、有軌道台車で倉庫へ自動搬送されます（画像２）。

届け先向けに製品の仕分け作業を行うのは、アームロボットです（画像３）。作業指示に対して製品の重量、高さを考慮し、複数の製品をパレットへ積み付けます。積み付け後は自動搬送車両（画像４）で製品を指定場所に搬送します。人手による積み込み、仕分け作業、搬送を行うことなく、また、経験と勘に基づいたパレットへの積み付け作業がなくなることで、生産性を向上し、自動化を実現しました。

●自動化設備の高効率稼働を実現する自動化設備制御システム

これら自動化設備の稼働を最大限に高めているのが、株式会社フレームワークスの自動化設備制御システムです。自動化制御システムがロボットのタスク管理を行い、適切なタスクの指示により、各工程間でスムーズに業務が進むように制御します。これにより、庫内の生産性向上・高効率稼働を実現しています。

自動化設備の導入は、作業員の不足や、重労働や長時間労働、オペレーションの属人化といった物流面で抱える課題を解決する手段の１つでもあります。一方で、自動化設備を導入すると自由度がなくなるとイメージを持つ人が少なくありません。その解決の一手として、同社の自動化設備制御システムの導入により、自由度の高い自動化を実現することが可能となりました。自動化設備の効果を最大限に引き出すために欠かせないシステムであると言えるでしょう。

花王 豊橋工場・新倉庫の自動化機器

画像1　トラックアンローダーによる入荷

画像2　入荷されたパレットが有軌道台車で自動倉庫へ搬送

画像3　アームロボットによる自動仕分け

画像4　仕分けされた製品の自動搬送

画像提供：株式会社フレームワークス

自動化設備制御システムの導入効果

・「自動化設備制御システム」による
自由度の高い自動化の実現、
トラックの積載率を向上を支援、
荷待ち時間削減を支援

・「出荷ブロック算出」による、オーダーごとの出荷荷姿を自動算出
・「総合的な制御」による、少量・多品種出荷の仕分け自動化

・「全体自動化」による、導入企業の負担減（改修とコスト）
・「総合的な制御」による、自動化設備の高効率稼働

○EC物流の刷新や新規事業への柔軟な対応を実現した物流センター 株式会社ムービングの事例

　株式会社ムービングは株式会社丸井グループの100％子会社として、丸井グループの小売事業の物流面を担っています。EC事業（Webチャネル）の物流サービス、丸井店舗へ納品される商品の検品と値付け等を主たる業務としています。同社の戸田物流センターの現状の業務の課題や今後、物流面で実現したいことに対して、株式会社フレームワークスが自社開発したWMS（Warehouse Management System）が有効に機能しました。

○EC物流に留まらないセンター運営の実現

　株式会社ムービングは、物流センターの運営面で次の４つを目指していました。

①EC物流を軸にした運用を刷新し、サービスレベル（顧客満足度）を上げたい

②データ量増大を見据えたインフラ構成にしたい

③機械化・自動化をより推進していきたい

④新規事業へも柔軟に対応したい

　これらを実現するため、株式会社フレームワークスは、同社の実態を把握すべく、現状の業務フロー、現場・システムへ期待することについてヒアリングを実施しました。

　その結果、BtoB（店舗用）とBtoC（EC用）の２つのWMSを、同社の提供するWMSに統合しました。統合に伴い、業務の効率化を目的とした作業フローの刷新と、運用に即したWMSのカスタマイズを行いました。

　また、戸田物流センターに新たに導入した自動化設備（ロータリーラック、GAS）とのシステム連携を行いました。さらには、構内作業端末として既存で利用しているハンディターミナルに加え、作業時に両手が空き、かつ商品の画像を確認しながら作業ができるよう、ベルトで腕に固定

株式会社ムービング　戸田物流センター外観

戸田物流センターで使用されている自動化設備

ロータリーラック

GAS(Gate Assort System)

1人のお客様が複数点購入した場合、ピックしてきたひと塊の商品を入れた複数のオリコンを投入し、自動で荷合わせする機器。360オリコンまで収納可能

「ロータリーラック」で荷合わせさせた商品を、1人ひとりのお客様ごとに仕分けする機器

画像提供：株式会社フレームワークス

したスマートフォン+指に装着型のリングスキャナの組み合わせでのピッキング機能も実装しました。

●WMSと新たな自動設備の導入、システム連携による物流サービスレベルの向上を実現

　株式会社フレームワークスによるWMS導入、自動化設備とのシステム連携支援の結果、物流サービスレベルを向上することができました。

　具体的には

①入荷即出荷運用による出荷リードタイムの短縮

②店舗向け・EC向け在庫の一元管理による欠品や販売機会損失の減少

③ピッキング作業効率向上による業務品質の向上

　が実現できました。

　一方で、実現の裏には苦労があったことも事実です。株式会社ムービングがアパレル業界を長年リードしてきたなかで培われた物流ノウハウを他社との差別化につながる強みとして「活かす」部分と、その一方で当時のシステム要件が生んだ制約を「変革する」部分、この線引きや調整に時間を要しました。センター運営をWMSを中心に構築することが理想ですが、実際には納品先との調整や周辺システムの仕様変更が必要で、それらの対応は容易ではありません。WMSをどこまで対応させるのかを常に気にかけながら導入に向けた議論を重ねました。

●物流センターの運営最適化に終わりはない

　株式会社フレームワークスはアパレル業界において、多数のWMS導入支援の実績がありますが、すべて同じ対応というわけにはいきません。特に株式会社ムービングの物流センター運営においては、納品先との取り決め事項、例えば納入時の梱包箱に対するルールに独自性がありました。このような特徴的な対応を継続するには、すべてを自動化することは難しく、手作業をいかにシステムに組み込むかに留意しながら進めました。

戸田物流センターで使用されている自動化設備

スマホ＋リングスキャナ

画像提供：株式会社フレームワークス

　また、荷主である株式会社丸井グループは、その企業理念に基づき、すべてのステークホルダーにとっての「しあわせ」を実現するプラットフォーマーとして常に時代を見据えた新たな取り組みをしていることから、その扱う商材やシステムのあり方についても固定的ではありません。アパレルに限らず、例えば化粧品や食品などの消費期限管理が必要な商材を取り扱う必要が出てきたり、データの連携先が増減したり、といった変化が生じます。株式会社ムービングはそうした企業理念を足回りで支える企業として、継続的な変化に強いシステム基盤の構築を常に意識する必要がありました。このようなことから、現状の要件を満たすことはもちろんのこと、外部要因の変化も含め、先を見据えたプラスアルファの検討・提案・議論が現在も交わされています。

　物流センターの運営最適化に終わりはありません。株式会社ムービングの高い現場力と株式会社フレームワークスのシステム実現力により、質の高い物流センター運営は今後も継続的に発展していくことでしょう。

索引

参考

公益社団法人日本ロジスティクスシステム協会ホームページ
公益財団法人東京都環境公社ホームページ
経済産業省資源エネルギー庁ホームページ
公益社団法人日本包装技術協会ホームページ
国土交通省ホームページ
一般社団法人日本冷蔵倉庫協会ホームページ
総務省消防庁ホームページ
労働安全衛生規則
Automagi株式会社ホームページ
NECソリューションイノベータ株式会社ホームページ
株式会社アラヤホームページ
内閣府ホームページ
文部科学省ホームページ
警視庁ホームページ
大阪府庁ホームページ
THK株式会社ホームページ

画像提供

オリックス不動産株式会社
日本GLP株式会社
株式会社山善
浪速運送株式会社
金剛産業株式会社
株式会社ユニフロー
佐川急便株式会社
鈴木製機株式会社
オムニヨシダ株式会社
ホクショー株式会社
日本自動車ターミナル株式会社

株式会社プレシード
古河ユニック株式会社
日本パレットレンタル株式会社
岡田工業株式会社
三進金属工業株式会社
株式会社マキテック
三甲株式会社
コマツ
株式会社スギヤス
株式会社キーエンス
Quicktron Japan株式会社
シリウスジャパン株式会社
株式会社ダイフク
三菱ロジスネクスト株式会社
株式会社日立オートメーション
株式会社ブリヂストン
株式会社コクヨロジテム
東芝テック株式会社
日本ファイリング株式会社
西濃運輸株式会社
デンヨー株式会社
富士電機株式会社
センコー株式会社
ロジスティード株式会社
楽天グループ株式会社
トラスコ中山株式会社
株式会社フレームワークス

著者略歴

船井総研ロジ株式会社

ロジスティクスコンサルティング部
荷主企業（製造業・小売業・卸売業）の物流戦略・戦術の立案から実行支援まで現場密
着型の活動を行い、荷主企業の物流課題を解決していく物流専門のコンサルティング部
門。
コンサルティングテーマは「物流拠点再配置」「物流委託先選定コンペ」「物流現場改善」「物
流子会社評価」「物流コスト妥当性評価」「ESG ロジスティクス実行支援」など。
https://www.f-logi.com/

ビジネスパーソンのための「物流」基礎知識
物流センターのしくみ

2024年 3 月 6 日初版発行

著　者 —— 船井総研ロジ株式会社

発行者 —— 中島豊彦

発行所 —— 同文舘出版株式会社

東京都千代田区神田神保町 1-41　〒 101-0051
電話　営業 03（3294）1801　編集 03（3294）1802
振替 00100-8-42935
https://www.dobunkan.co.jp/

©Funaisoken Logistics　　　ISBN978-4-495-54153-8
印刷／製本：三美印刷　　　Printed in Japan 2024

[監修]
船井総研ロジ株式会社 取締役 常務執行役員　赤峰誠司

[執筆]
部長　　　　　　渡邉庸介
チームリーダー　小倉裕太
チームリーダー　井上真希
チームリーダー　坂東竜馬
コンサルタント　朝比奈実央

船井総研ロジが発信する物流の最新時流レポート「Logiiiii！（ロジー）」はこちら